Ober-
Österreich
Nieder-
Steiermark
Kärnten
Burgenland
JUGOSLAWIEN
Salzburg
Linz
Wels
Steyr
Traun
Enns
Passau
Schärding
Braunau
Ried
Vöcklabruck
Gmunden
Bad Ischl
Hallein
Bischofshofen
Radstadt
Schladming
Liezen
Admont
Eisenerz
Leoben
Bruck
Kapfenberg
Mürzzuschlag
Graz
Judenburg
Knittelfeld
Zeltweg
Fohnsdorf
Köflach
Voitsberg
Leibnitz
Murau
Klagenfurt
Villach
Spittal
Hermagor
Wolfsberg
St. Veit
Krems
St. Pölten
Amstetten
Melk
Ybbs
Zwettl
Gmünd
Klosterneuburg
WIEN
Mödling
Baden
Wr. Neustadt
Neunkirchen
Maribor (Marburg)
Celje (Cilli)
Ljubljana (Laibach)
Kranj (Krainburg)
Zagreb (Agram)
Varaždin (Warasdin)
Trieste (Triest)
Gorizia (Görz)
Monfalcone
Údine
Karlovac
Dachstein
Hochschwab
Triglav
Hochgolling
Hochalmspitze
Ankogel
Schneeberg
Ötscher
Totes Geb.
Niedere Tauern
Koralpe
Saualpe
Karawanken
Julische Alpen
Steiner Alpen
Bachergeb.
Nockberge
Gurktaler A.
Wienerwald
Mühlviertel
Hausruck
Sauwald
Kobernauser Wald
Hochalpen
Adriatisches Meer

Klettersteige
Ostalpen

Umschlagbild und Seite 1:

Mori-Steig am Monte Albano/Trientiner Vorberge

Seite 3 u. 4:

Jubiläumsteig am Prisojnik/Julische Alpen

Rückseite:

Blick aus der Pfaffenstein-Südwand zum Erzberg b. Eisenerz

Übersichtskarten (Vorsatzblätter):
Reproduktion aus der Schulhandkarte
Österreich 1 : 1,5 Mill. phys.
mit freundlicher Genehmigung des
Verlages Freytag-Berndt und Artaria - Wien

1978

Umschlaggestaltung: R. Prünster, Bozen
Fotolithos: O. Longo, Frangart und Athesia
Gesamtherstellung: ATHESIADRUCK, Bozen
ISBN 88-7014-057-1

Reinhold Messner
Werner Beikircher

Klettersteige Ostalpen

100 gesicherte Bergtouren zwischen Gardasee und Ortler, Bernina und Semmering

VERLAGSANSTALT ATHESIA · BOZEN

Der Hochschwab in der Steiermark

**Was ich allen
Bergsteigern wünsche:**

**Einen Wandertag,
an dem sich alle
Wolkenspiele,
alle Einzel-Geräusche,
alle Bewegungen
in der Brust
zur Welt schließen.**

**Einen Spaziergang
über die Außenwelt
in die Innenwelt.**

Im Schacht des Wildenauersteiges

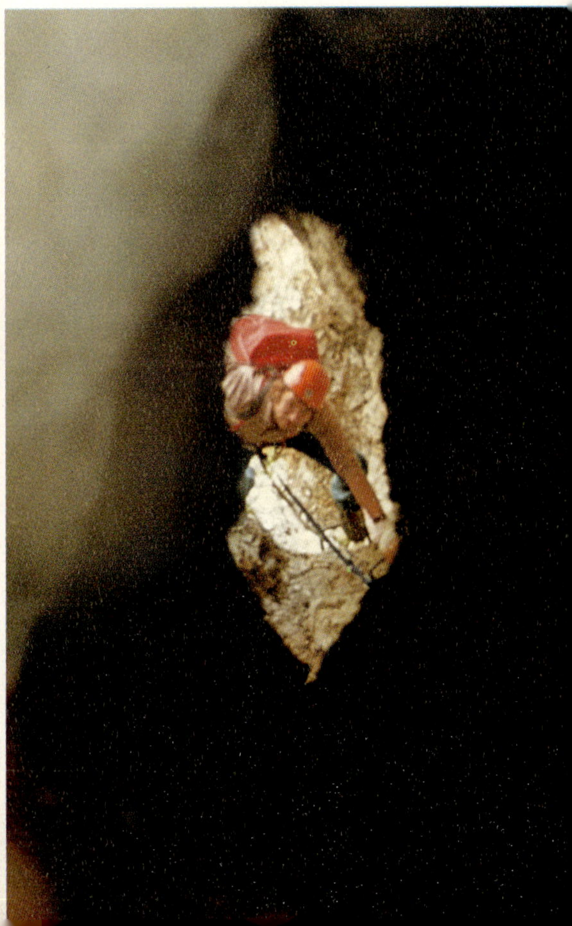

Klettersteigimpressionen: am Ortler Hintergrat
an der Mala Mojstrovka
überm Gardasee
die Zugspitze
Blick zur Dachsteingruppe
Morgen am Großglockner

Klettersteige – ein steiler Sommertraum

Die gesicherten Steiganlagen in den Ostalpen sind so zahlreich und gleichzeitig so verschiedenartig wie die Motivationen zum Bergsteigen. In dieser Auswahl von hundert Eisenwegen, die Werner Beikircher und ich zusammengestellt, fotografiert und skizziert haben, stehen berühmte Gipfel wie der Großglockner und der Ortler, der Hohe Dachstein und die Zugspitze. Aber auch Übergänge, kurze Turnereien im Voralpenraum und viele Durchquerungen; Klettersteige in allen denkbaren Schwierigkeiten und Längen, im Kalk und im Urgestein.

Nicht jeder dieser steilen Wege ist für jedermann, und nicht jeder Alpinist hat denselben Geschmack.

am Grete-Klinger-Steig
am Großglockner
die Dachstein-Südwand
an der Vertain-Spitze
Kerners Steinschmückel
am Ortler-Normalweg

Dieser Auswahlband, den wir nach subjektiven Gesichtspunkten und vielen Begehungen gestaltet haben, ist — wie schon der erste Band dieser Serie über die Dolomiten-Klettersteige — „nicht als alpiner Führer gedacht; er soll anregen, instruieren, Erlebnisse wachrufen; er enthält alle wichtigen Hinweise zur Durchführung von Klettersteige-Touren, so daß jeder seinem Können, seiner Erfahrung, seiner Ausdauer entsprechend die richtige Wahl treffen kann."
Er bietet einen Einblick in ein erträumtes Land, das viele Bergbegeisterte in den Sommermonaten erleben möchten — oft nur vor den Toren der Stadt — eine Möglichkeit zum Aufatmen.

Hochalpin bis senkrecht

Die Klettersteige in den Ostalpen, zum Teil hochalpin, zum Teil anspruchsvolle Wanderwege, zum Teil senkrecht, sind — über alle Diskussionen um Für und Wider hinweg — beliebt; sie sind aber auch gefährlich. Gefährlich nicht nur, weil ein Drahtseil durchgerostet sein kann, weil bei Gewittern die Versicherungen zu Blitzableitern werden; gefährlich vor allem, weil die gesicherte Steiganlage zur Selbstüberschätzung verführt. Oder umgekehrt zur Unterschätzung der alpinen Gefahren.

Für den fortgeschrittenen Wanderer aber, der neben Trittsicherheit, Kondition, Schwindelfreiheit auch die Geduld mitbringt, sich langsam steigernd an die großen Berge heranzutasten, bedeuten diese Klettersteige eine Bereicherung der Möglichkeiten. In einer Zeit, in der „Fortschritt" im Sitzen stattfindet, sind sie eine stille Herausforderung zu sich selbst hin — und von Krankheiten wegzuwandern. Bei jedem gesicherten Aufstieg gibt es über die Gefahren des Hochgebirgswanderns hinaus weitere Schwierigkeiten und Unbekannte. Und deshalb auch ein bißchen mehr Zweifel. Wer aber das Gelände und die Situation beherrscht, hat über das Mehr an Sorge immer noch Augen für etwas anderes, zum Beispiel für die Nebel, die den ganzen Nachmittag lang über den Grat schwappen oder für einen Grashalm gegen die flüchtigen Zirren am Himmel.

Das ständige Aufpassen-Müssen mit zugleich freien Augen und Ohren für alles andere erscheint mir deshalb als wertvoll, weil man dabei durchlässiger wird für Empfindungen und sich Stimmungen plötzlich niederschlagen können in Erkenntnisse: der Ausblick nach schwierigen Metern vom Grat, wo alle einzelnen Eindrücke sich in einem selbst zum Kosmos runden. Oder im Glückszustand nach langen Marschstunden, kein Selbstgefühl mehr, sondern Allgefühl. — Alle Anstrengungen vergessen.

Diese kleinen Erlebnisse muß jeder selbst finden. Sie bleiben aber dann, und tief in uns selbst wärmen sie uns, unberührt vom Lauf des funktionellen Lebens.

Das ausgedehnte Gehen ist schon seit Jahrtausenden der einfachste Weg zu uns selbst. Und auch ich glaube, wie Fritz Peterka, einer meiner Mitarbeiter, „daß dem versicherten Klettersteig als verfeinerter Spielform des Gehens die Zukunft gehört." Er macht uns wach und müde auf verbindende Weise.

Aufstieg zur Schwarzensteinhütte/
Zillertaler Alpen.

St. Pauls/Überetsch mit Gantkofel.

Tabelle - Übersicht

Seite	Gebiet	Berggruppe	Klettersteig	Nr.	Schwierigkeit [1])
26	Vorarlberg	Rätikon	Drei-Schwestern-Weg, Fürstensteig	1, 2	leicht
28	Bayern/Tirol	Allgäuer Alpen	Heilbronner Weg	3	mäßig schwierig
30	Tirol	Allgäuer Alpen	Hochvogel	4, 5	mäßig schwierig
32	Bayern	Allgäuer Alpen	Hohe Gänge	6	mäßig schwierig
34	Tirol	Allgäuer Alpen	Rote Flüh, Friedb. Steig	7, 8	schwierig
36	Bayern/Vorarlberg	Allgäuer Alpen	Mindelheimer Klettersteig	9	schwierig
38	Südtirol	Ortlergruppe	Ortler-Überschreitung	10, 11	hochalpin, sehr schwierig
40	Südtirol	Ortlergruppe	Tschengelser Hochwand, Hoher Angelus	12, 13	mäßig schwierig
42	Südtirol	Ortlergruppe	Vertainspitze	14, 15	schwierig, hochalpin
44	Dolomiten	Brentagruppe	Orsi-Steig	16	leicht
46	Gardasee	Trientiner Vorberge	Via dell'Amicizia	17	schwierig
48	Etschtal	Trientiner Vorberge	Kl.-Steig Monte Albano	18	sehr schwierig
50	Etschtal	Trientiner Vorberge	Burrone-Klettersteig	19	mäßig schwierig
52	Südtirol	Mendelkette	Fennberg-Klettersteig	20	mäßig schwierig
54	Dolomiten	Palagruppe	Buzzati-Steig	21	mäßig schwierig
56	Südtirol	Mendelkette	Roén-Klettersteig	22	leicht
58	Tirol	Stubaier Alpen	Tribulaun Pflerscher Höhenweg	23, 24	leicht bis hochalpin
60	Werdenfels	Wettersteingebirge	Zugspitze-Überschreitung	25, 26	schwierig
62	Werdenfels	Wettersteingebirge	Alpspitze	27, 28	schwierig
64	Werdenfels	Wettersteingebirge	Innere Höllentalspitze	29	mäßig schwierig
66	Werdenfels	Wettersteingebirge	Riffelscharte	30	mäßig schwierig
68	Werdenfels	Wettersteingebirge	Hermann-von-Barth-Weg	31	mäßig schwierig
70	Tirol	Karwendelgebirge	Mittenwalder Höhenweg	32	mäßig schwierig
72	Tirol	Karwendelgebirge	Birkkarspitze	33	mäßig schwierig
74	Tirol	Karwendelgebirge	Lamsenspitze, Hochnißl	34, 35, 36	leicht bis schwierig
76	Tirol	Karwendelgebirge	Großer Bettelwurf	37	mäßig schwierig
78	Tirol	Karwendelgebirge	Felix-Kuen-Weg	38	leicht
80	Tirol	Karwendelgebirge	Julius-Pock-Weg	39	leicht
82	Tirol	Stubaier Alpen	Gsallerweg	40	leicht
84	Tirol	Rofangebirge	Sagzahn	41	leicht
86	Tirol	Zillertaler Alpen	Schönbichler Horn	42	hochalpin, mäßig schw.
88	Tirol	Zillertaler Alpen	Olperer	43, 44	hochalpin, sehr schwierig
90	Südtirol	Zillertaler Alpen	Schwarzenstein-Hütte	45	hochalpin, schwierig
92	Tirol	Wilder Kaiser	Scheffauer	46	mäßig schwierig
94	Tirol	Wilder Kaiser	Ellmauer Halt	47, 48	mäßig schwierig

Gesamtanstrengung [2])	Höchste Höhe	Ausgangsort	Kombinationsmöglichkeit [3])	Bemerkungen, Tips
anstrengend	2123 m	Feldkirch, Frastanz	einige neue Steige	Panoramaweg
anstrengend	2615 m	Einödsbach b. Oberstd.	9	wird oft unterschätzt
anstrengend	2593 m	Hinterstein b. Hindelang	Anschluß zu 3	als Rundtour möglich
mäßig anstrengend	2033 m	Bruck i. Ostrachtal	keine	einer d. leicht. Allgäuer-Steige
anstrengend	2111 m	Grän/Tannheimer Tal	Wanderwege d. Umgeb.	landschaftlich großartig
anstrengend	2320 m	Kleines Walsertal	3	großartige Anlage, luftig
sehr anstrengend	3905 m	Sulden	keine; 12, 13; 14, 15 im Tal	ernste Tour, Eisarbeit
anstrengend	3521 m	Sulden	14, 15	2 Gipfel, Hochtour
anstrengend	3544 m	Sulden	12, 13	als Überschreitung ideal
anstrengend	2656 m	Madonna di Campiglio	die Bocchette-Wege	eindrucksvoller Höhenweg
anstrengend	1250 m	Riva del Garda	keine	„Leiternweg", warm
kurz, viel Armarbeit	ca. 500 m	Mori / Etschtal	keine	außergewöhnlich, fast durchwegs senkrecht
anstrengend	ca. 1000 m	Mezzocorona	Wandergebiet Grauner Alm	Frühjahrs- und Herbsttour
anstrengend	ca. 1120 m	Margreid/Südt. Unterl.	keine	evtl. Wintert., nicht im Sommer
anstrengend	2450 m	S. Martino di Castrozza	Schleierweg	Orientierung schwierig
kurz	ca. 1200 m	Mendelpaß	keine	Lehrpfad, für Anfänger
anstrengend	3096 m	Obernberg/Obernbergtal	keine	am Tribulaun Hochtour, stilles Gebiet
anstrengend	2963 m	Hammersbach	viele Steige in der Nähe	überlaufen, viele Kombinationsmöglichkeiten
anstrengend	2629 m	Garmisch-Partenkirch.	Nordwandsteig	mehrere Steige auf eng. Raum
anstrengend	2743 m	Obermoos b. Ehrwald	Jubiläumssteig	m. der Zugspitze kombinierbar
mäßig anstrengend	2161 m	Hammersbach	Kletterst. d. Umgebung	ideale Ausweichtour
anstrengend	2633 m	Leutaschtal	einige nette Freiklettert.	langer Zustieg, kurzer Steig
anstrengend	2385 m	Mittenwald	keine	Idealtour, hervorrag. gesichert
sehr anstrengend, lang	2749 m	Scharnitz, Hinterriß	Brendlsteig-Ödkarspit.	wenig Klettersteig, urwüchsige Gegend
sehr anstrengend, lang	2546 m	Pertisau am Achensee	Wandergebiet Östliches Karwendel	Genußtouren, für jeden etwas
anstrengend	2725 m	Hall in Tirol	Anschluß an Nordketten-Höhenwege	Gute Aussicht, i. Somm. warm
kurz	2242 m	Gnadenwald bei Hall	keine	Frühjahrs- und Herbsttour
mäßig anstrengend	2558 m	Innsbruck	Gipfelstürmerweg und Nordketten-Höhenwege	Familientour, Aussichtsberg
anstrengend	2623 m	Grinzens	Abstieg zur Lizum	viele Wanderkombinationsm.
Steig kurz, Anmarsch mäßig anstrengend	2239 m	Maurach am Achensee	Wanderparadies	Lustiger Steig, Herbsttour
sehr anstrengend	3133 m	Mayrhofen i. Zillertal	Berliner Höhenweg	landschaftl. gewaltig, Mineralien
sehr anstrengend	3476 m	Hintertux/Zillertal	keine	ein echter II-er, nur für gute Alpinisten
Steig kurz, Anmarsch anstrengend	2923 m	Luttach im Ahrntal	keine	spritziger Steig, eintön. Zustieg
anstrengend	2113 m	Kufstein	Schöne Waldwanderw.	gute Aussicht
als Tagestour anstreng.	2344 m	Ellmau	Anschluß zu 49 + 51	stark besucht, zentral für andere Touren

Tabelle - Übersicht

Seite	Gebiet	Berggruppe	Klettersteig	Nr.	Schwierigkeit [1]
96	Tirol	Wilder Kaiser	Kopftörl	49	leicht
98	Tirol	Wilder Kaiser	Eggersteig, Jubiläumsst.	50, 51	leicht
100	Tirol	Wilder Kaiser	Ackerlspitze	52	Schlüsselstelle schwierig
102	Osttirol	H. Tauern/Glocknergr.	Großglockner-Überschr.	53, 54, 55	hochalpin, sehr schwierig
104	Salzburg	H. Tauern/Glocknergr.	Gleiwitzer Höhenweg	56	mäßig schwierig
106	Salzburg	H. Tauern/Glocknergr.	Kitzsteinhorn	57, 58	Steig mäß., Gletsch. schw.
108	Berchtesgaden	Berchtesgadener Alpen	Watzmann-Überschr.	59	mäßig schwierig
110	Berchtesgaden	Berchtesgadener Alpen	Böslsteig	60	leicht
112	Salzburg	Berchtesgadener Alpen	Doppler-Mittagsschartenst.	61, 62	leicht
114	Salzb./Berchtesg.	Berchtesgadener Alpen	Schustersteig, Mannlgrat	63, 64	schwierig
116	Salzburg	Berchtesgadener Alpen	Schönfeldspitze	65	leicht
118	Salzburg	Berchtesgadener Alpen	Hochkönig-Überschr.	66, 67	hochalpin, schwierig
120	Venetien/Slowenien	Julische Alpen	Mangart	68, 69	sehr schwierig
122	Venetien	Julische Alpen	Via della vita	70	sehr schwierig
124	Slowenien	Julische Alpen	Prisojnik	71, 72	schwierig
126	Slowenien	Julische Alpen	Mala Mojstrovka	73	mäßig schwierig
128	Slowenien	Julische Alpen	Bavški Grintavec	74	mäßig schwierig
130	Slowenien	Julische Alpen	3 Triglav-Steige	75, 76, 77	leicht
132	Oberösterreich	Totes Gebirge	Traunstein-Überschreit.	78, 79	schwierig
134	Steiermark	Dachsteingebirge	Hoher Dachstein	80, 81, 82	hochalpin, schwierig
136	Steiermark	Gesäuse	Wasserfallw., Josefinenst.	83, 84	mäßig schwierig
138	Steiermark	Gesäuse	Wengerweg	85	leicht
140	Steiermark	Fischbacher Alpen	Hochlantsch	86	mäßig schwierig
142	Steiermark	Eisenerzer Alpen	Grete-Klinger-Weg	87	mäßig schwierig
144	Steiermark	Eisenerzer Alpen	Pfaffenstein	88	leicht
146	Niederösterreich	Rax	Haidsteig	89	schwierig
148	Niederösterreich	Rax	Gamsecksteig, Wildfährte Bärenloch	90, 91, 92	mäßig schwierig
150	Niederösterreich	Rax	Wachthüttelkamm, Schönbrunner Stiege	93, 94	leicht
152	Niederösterreich	Rax	Teufelsbadstube, Alpenvereinssteig	95, 96	schwierig
154	Niederösterreich	Hohe Wand	Wildenauerst., Frauenlucke	97, 98	schwierig
156	Niederösterreich	Schneeberg	Weichtalklamm, Turnstein	99, 100	leicht

[1] Die Schwierigkeitsangaben richten sich hier nicht nach der UIAA-Schwierigkeitsskala (I-VI, A_0-A_4), nach der alle Klettersteige mit A_0 zu bewerten wären. Unsere Bewertung beruht auf einem Vergleich der Klettersteige untereinander mit den vier Stufen von „leicht" bis „sehr schwierig".

[2] Die Gesamtanstrengung, in drei Stufen eingeteilt, bezieht sich auf einen Sonntagsbergsteiger und auf den Klettersteig mit seinem jeweiligen Zustieg.

Gesamtanstrengung [2])	Höchste Höhe	Ausgangsort	Kombinations-möglichkeit [3])	Bemerkungen, Tips
mäßig anstrengend	2058 m	Ellmau	Anschl. zu 47, 48, 50, 51	Anfängertour, hübscher Steig
anstrengend	2192 m	Griesenau	Anschluß zu 47, 48, 49	„die Tour" im Kaiser, daher überlaufen
anstrengend	2330 m	Prama bei Going	Maukspitze	Steinschlag, Abrutschgefahr
sehr anstrengend	3798 m	Kals	keine	Stüdlgrat nur für Könner
anstrengend	3125 m	Fusch a.d. Glocknerstr.	keine	landschaftlich toll, bei Nässe sehr gefährlich
mäßig anstrengend	3202 m	Kaprun	keine	leicht zu erreichender Dreitausendergipfel
sehr anstrengend	2713 m	Berchtesgaden	keine	gute Verhältnisse entscheidend, lohnend
sehr anstrengend	2060 m	Hintersee	Wagendrischlhorn - SO-Grat	Steig kurz, gesamt ermüdend
anstrengend	1853 m	Grödig bei Salzburg	keine	auch für Bergwanderer, interessant
sehr anstrengend	2522 m	Obersalzberg	keine	Idealtour, aber lang
mäßig anstrengend	2177 m	Alm bei Saalfelden	Übergang z. Hochkönig	Hüttenaufstieg
sehr anstrengend	2941 m	Hinterthal a. Hochkönig	Überg. Steinernes Meer	höchst interessant, sollte nicht unterschätzt werden
sehr anstrengend	2677 m	Fusine - Laghi	70	2 lange Steige, Grenzüberschr.
anstrengend	2149 m	Fusine - Laghi	68, 69	ungeheuer luftig, kalt
sehr anstrengend	2547 m	Vršič-Paß	73	geologisch interess., sehr lang
wenig anstrengend	2332 m	Vršič-Paß	71	ideale Halbtagestour
anstrengend	2344 m	Zadnja Trenta	andere teilw. vers. Steige auf den Gipfel	ruhige Gegend, objektiv nicht ungefährlich
sehr anstrengend	2863 m	Vrata-Tal	Bamberg-Weg	überversichert und überbesucht, klassischer Gipfel
anstrengend	1691 m	Traunsteinstr. am See	Wandermöglichkeiten	vernachlässigte Sicherungen
sehr anstrengend	2996 m	Ramsau (Obertrann)	keine	oft überlaufen, Gletscher!
mäßig anstrengend	2365 m	Gstatterboden oder Johnsbach	85	in Kombination ideal
anstrengend	2224 m	Gstatterboden	83, 84	großartiges Gesäusepanorama
anstrengend	1722 m	St. Jakob i. d. Breitenau	Bärenschützklamm	wenig begangen
anstrengend	2010 m	Trofaiach	Reichenstein	ideale Herbsttour
anstrengend	1871 m	Eisenerz	Schrabachersteig	das ganze schneefreie Jahr begehbar
anstrengend	1783 m	Prein an der Rax	Höllental, 96	kühne Steiganlage
kurz, lange Zustiege	2007 m	Hinter-Naßwald	zahlr. and. Raxsteige	klassische Raxüberschreitung
anstrengend	1623 m	Weichtal und Höllental	Höllentalkessel-Umrundung (Rudolfsteig)	weitere Steige in der Nähe
anstrengend	1623 m	Schwarzatal	Gaisloch, 89	sehr abwechslungsreich
anstrengend	1043 m	Unter-Höflein, Maiersdorf	andere beliebte Hohe-Wand-Steige	große Exponiertheit
anstrengend	2075 m	Höllental	Wanderwege der Umgebung	Turmsteinaufstieg luftig

[3]) Diese Anschluß- oder Rundtouren mit dazwischenliegenden Wanderungen ergeben sich logisch aus einer Serie (↑ ↓) von hier behandelten Klettersteigen, ohne daß dazwischen ein Fahrzeug benutzt werden müßte. Meist Mehrtagestouren, Ausgangspunkt richtig wählen! Zahlreiche andere Kombinationsmöglichkeiten bleiben der Phantasie des Lesers überlassen.

Werner Beikircher fotografierte sich selbst als Brockengespenst am Mangart in den Julischen Alpen.

Erste Morgensonne am Ortler-Hintergrat.

Zwei Seilschaften vor der Glocknerscharte.

Einstieg zur Ackerlspitze im Wilden Kaiser.

Geschichte und Bedeutung der Klettersteige

1869 schon — noch bevor alle Ostalpen-Gipfel bestiegen waren — wurde der Stüdlweg über die Glocknerscharte abgesichert. Damit begann eine Entwicklung, die vor hundert Jahren unabsehbar war und die inzwischen allein im Ostalpen-Raum zu mehr als 200 Aufstiegen mit Versicherungen geführt hat. „Die Herrichtung des neuen Weges mittels Absprengungen, Einziehen von Eisenstiften und Drahtseilen zu einem auch für mässige Bergsteiger geeigneten Pfade" brachte eine Diskussion und Problematik ins Bergsteigen, die heute genau wie damals (1894, Die Erschließung der Ostalpen, Band III) noch aktuell ist. „Im Jahre 1869 begann die Herrichtung des „Stüdlweges". Thomas, Rupert und Michel Groder arbeiteten fast zwei Monate angestrengt an dem Spannen von 400 Meter Drähten, dem Einschlagen von Eisenstiften, Herrichten von Stufen usw. Am 5. August konnte der Weg eröffnet werden. Es war aber trotz aller Hilfen noch immer eine scharfe Kletterei, bei der man den Bergstock am Fusse der Felsen stehen zu lassen pflegte und die bei Neuschnee gerne vermieden wurde. In solchem Falle wurde auch zur Zeit der ersten Begeisterung, da der „neue Weg" als der einzige wahre galt, doch noch immer lieber der alte Kalser Weg eingeschlagen. Bald aber richteten Schneedruck und Blitzschläge an den Drähten arge Verheerungen an, so daß der Weg zum Theile wieder in die Schwierigkeiten des früheren Zustandes zurückgefallen ist."

Um die Jahrhundertwende folgten andere gesicherte Steiganlagen: der Anstieg auf die Zugspitze durch das Höllental, der Eggersteig im Wilden Kaiser, der Haidsteig auf die Rax, der Heilbronner Weg im Allgäu, Klettersteige in den Julischen Alpen und in den Dolomiten.

Waren diese ersten Steige bergsteigerisch logische Anlagen, die mit dem Ziel der alpinen Vereine, die Alpen zu erschließen und besser zugänglich zu machen, in Einklang standen, kamen später, vor allem nach dem zweiten Weltkrieg, Klettersteige dazu, die vorsätzlich für „Nichtkönner" angelegt wurden. Ein typisches Beispiel dafür ist der 1975 eröffnete Mindelheimer Klettersteig an den Schafalpenköpfen bei Oberstdorf, der in dreijähriger Bauzeit unter Mithilfe von Hubschraubern und mit einem Aufwand von fast 100.000 DM erbaut wurde.

Heute ist es so, daß einige Routen auf die höchsten Ostalpen-Gipfel mit einzementierten Haken, laufenden Drahtseilen oder Ketten entschärft sind. Man denke nur an den Hintergrat und den Normalweg am Ortler, an die vielbegangenen Aufstiege am Olperer und Großglockner.

Trotz der vorgegebenen Steighilfen sollten diese Touren nur erfahrenen Hochalpinisten vorbehalten bleiben. Dies gilt jedoch nicht für die vielen kurzen, teils senkrechten Klettersteige, die wie der Steig bei Mori oder der Wildenauersteig auf die Hohe Wand bei Wien, bei verantwortungsbewußter Sicherung und in Begleitung eines erfahrenen Kletterers auch einem trittsicheren und schwindelfreien Wanderer ein Sich-Herantasten-an-die-Senkrechte ermöglichen sollen. Die Bedeutung dieser Steige ist insofern groß, als sie eine Anregung zum Gehen, zum Steigen dar-

Steinbock im Nationalpark der Julischen Alpen.

stellen und einer breiten Schicht von erlebnishungrigen Nichtkletterern zugänglich sind. Es gibt noch ungezählte Wandpartien im Ostalpenbereich, besonders in den stadtnahen Voralpen, die klettertechnisch vollkommen uninteressant sind und sich zur Anlage eines Klettersteiges gut eignen würden, ohne daß damit die Berglandschaft sichtbar verunstaltet würde. Diese brachliegenden Felspartien, wie zum Beispiel die Gantkofelwand überm Etschtal, könnten einen Teil jener Extremwanderer aufnehmen, die Jahr für Jahr in die Alpen drängen.

Es bleibt aber immer noch das alte Problem der Betreuung der Steige und die Tatsache, daß Ungeübte, Leichtsinnige und all jene, die einem solchen Steig nicht gewachsen sind, in Gefahr kommen können.

Training, Akklimatisation, Ernährung

Ein **TRAINING** ist für die großen versicherten Ostalpen-Routen empfehlenswert, für den Begeher reiner Klettersteigetouren nicht notwendig. Wer jedoch nicht regelmäßig wandert, sollte einige Monate vor dem geplanten Klettersteige-Urlaub mit Wanderungen oder Geländeläufen (auch Radfahren, Skilanglauf) beginnen. Der ganze Organismus, besonders aber das Kreislaufsystem, müssen auf Dauerleistung vorbereitet sein.

Dem Begeher von Klettersteigen sollten zahlreiche einfache Wanderungen vorausgehen, und wer sich an die hochalpinen Routen heranwagt, muß ein erfahrener Alpinist sein, mit Seil, Pickel und Steigeisen umgehen können.

Eine langsame **HÖHENANPASSUNG** ist für den Großteil der Ostalpen-Klettersteige — völlige Gesundheit vorausgesetzt — nicht vonnöten. Sogar die Anfahrt mit dem Auto oder im Sessellift müssen nicht durch längeres Verweilen an der Bergstation ausgeglichen werden. Der plötzliche Druckunterschied, der oft als unangenehm empfunden wird, ist nach mehreren tiefen Atemzügen kaum noch zu spüren.

Bei Gipfeln über 3000 m jedoch empfiehlt sich eine Anpassung an die Höhe. Wer Zeit hat und wessen physischer Zustand es erfordert, schaltet zwischen der Anreise und der ersten größeren Tour drei Akklimatisationstage ein.

Die **ERNÄHRUNG** ist auf den meisten Klettersteigetouren kein Problem. Da vielfach Hütten am Bergfuß oder auf der Wegstrecke liegen, muß der Rucksack nicht allzuschwer sein. (Dieser kann an überdachten Bändern und in Kaminen hinderlich sein.)

Die Verpflegung wird üblicherweise nach den Forderungen: Gewichtsreduktion, Kompaktheit, Haltbarkeit zusammengestellt. Im übrigen sollen die Nahrungsmittel leicht zuzubereiten und leicht verdaulich sein. Auch sollten nach Möglichkeit die alten Eßgewohnheiten beibehalten werden. Ich persönlich habe es mir zur Gewohnheit gemacht, auf Tagestouren nichts zu essen. Ich trinke auch nur, wenn ich zufällig auf eine Quelle stoße. So trage ich nur Notproviant mit.

Von der Einnahme von trockenem Traubenzucker bei plötzlichem Schwächegefühl möchte ich abraten. Der Traubenzucker sollte möglichst in kleinen Dosen und auf die ganze Tour verteilt genommen werden.

Das durch Schweiß verlorene Wasser sollte nicht allein mit Wasser ersetzt werden. 3—5 Gramm Kochsalz pro Liter Wasser (Fleischsuppe, Bouillon, Brühe) decken den Salzverbrauch und ersparen unangenehme und gefährliche Zustände.

Neuschnee am Mindelheimer Klettersteig.

Beim Bau des Mindelheimer Klettersteiges in den Allgäuer Alpen.

Schneesturm am Hochkönig.

Technik und Verhalten

Gerade weil viele Klettersteige, ja sogar gesicherte Hochtouren einer großen Zahl von Nichtkletterern zugänglich sind, werden sie oft unterschätzt. Wer nicht ein gewisses Maß an **Erfahrung, Ausdauer** und **Trittsicherheit** mitbringt, sollte sich einem Bergführer oder geübten Alpinisten anvertrauen, um sich unter dessen Obhut die Voraussetzungen zu schaffen, Klettersteigetouren selbständig durchführen zu können. Auch die Bergsteigerschule ist ein Weg, diese Art des Steigens zu lernen. Erst die eigene Sicherheit, das Wissen um das Wetter, der Instinkt für den richtigen Weg schalten alle Angst und damit meist auch alle Schwindelgefühle aus. Wer aber beim Blick in die Tiefe Schwindelzuständen unterliegt, sollte auf die ausgesetzten Klettersteige verzichten; der Genuß einer derartigen Tour bliebe ihm versagt.

Vor dem Antritt einer Klettersteigetour kann man sich im Tal oder auf der Hütte über das bevorstehende Wetter, über die gegebenen Verhältnisse, über den Zustand des Steiges und der Versicherungsanlagen erkundigen. Auch über die Schneelage (hochalpine Klettersteigetouren können meist von Juni bis September begangen werden, einige Steige im Voralpenraum das ganze Jahr über) kann der Hüttenwirt Auskunft geben.

Umgekehrt sollten im Falle von vorgefundenen Beschädigungen diese nach Beendigung der Tour dem Hüttenwirt oder im Fremdenverkehrsamt gemeldet werden.

Wie auch beim Klettern sollen auf versicherten Steiganlagen die Beine die Hauptarbeit leisten, die Hände und Arme dienen meist nur zum Halten des Gleichgewichts. In erhöhtem Maße gilt dies für alle hier behandelten Hochtouren.

GEHEN AUF STEIGEN UND IM GELÄNDE

Weg und Tritte zuerst mit den Augen suchen; je steiler das Gelände, umso kürzer die Schritte; hüftbreites Aufsetzen der Füße; Schuhsohlen im Auf- und Abstieg ganz aufsetzen; besser langsamer, gleichmäßiger Schritt ohne Rastpausen als gehetztes Tempo und viele Pausen. Auf weglosem Gelände werden Grasinseln ausgenützt und steile Hänge besser in Serpentinen begangen. Im Geröll Aufstieg über grobes Gestein, Abstieg über feinen Schotter.

KLETTERN IM SCHROFENGELÄNDE

Die Hände dienen meist nur zum Halten des Gleichgewichts; Tritte und Griffe sollen möglichst senkrecht nach unten belastet werden; das Abtreten von lockeren Steinen ist zu vermeiden; bei Gruppen ist dicht ausgeschlossenes Gehen in Reihe angebracht.

KLETTERN AN GESICHERTEN STELLEN

Augen klettern voraus; Klammern, Drahtseile, Griffe und Tritte sind auf ihre Haltbarkeit zu prüfen (schütteln, ziehen); zwischen zwei Fixpunkten an einem Drahtseil klettert jeweils nur einer; an Leitern und Klammern nicht zwei Stufen auf einmal nehmen; das Prinzip der drei Haltepunkte ist streng zu beachten; der Körper soll senkrecht stehen; Griffe und Klammern in Augenhöhe anfassen.

GEHEN IN EIS UND SCHNEE

Nicht selten sind auf Klettersteigetouren Firnfelder oder Eisrinnen zu queren. Ein Pickel (Kombihammer) ist dabei ein wertvolles Hilfsmittel. Bei lockerem Schnee und Eisrinnen hält man sich an den Stufenweg; in festem Firn Schräganstieg in Serpentinen, dabei werden mit den Sohlenrändern und Schuhspitzen Stufen geschlagen. Vor dem Betreten von glatten Eisfeldern ohne Pickel oder Steigeisen wird gewarnt. Bei allen Hochtouren sind Pickel, Steigeisen und Eistechnik (auch Spaltenbergung!) Grundvoraussetzung.

ABKLETTERN AN VERSICHERUNGEN

Grundsätzlich mit dem Gesicht zur Wand; kleine Stufen nehmen.

ABKLETTERN IM SCHROFENGELÄNDE

Solange es möglich ist vorwärts, d. h. mit dem Rücken zur Wand; Hände stützend nach unten richten.

Abrutschen über Firnfelder nur bei übersichtlichem Gelände und Erfahrung.

KLETTERN AM SEIL

Die Beherrschung der Sicherungstechnik über einen Karabiner an Haken oder Klammern wird beim Seilschaftsführer vorausgesetzt, ebenso das Gehen mit Steigeisen und Pickel, sowie Spaltenbergung; ein gleichzeitiges Gehen am Seil in steilem Gelände ist doppelt gefährlich; an steilen Klettersteigen im Voralpenraum reicht ein Seil zwischen 15 und 30 Metern meist aus. Auf waagrechten Bändern soll sich der Gesicherte zusätzlich mit Reepschnur und Karabiner ans Drahtseil hängen und diese Sicherung am Drahtseil mitlaufen lassen. Ein Bergwanderer allein kann diese Sicherungstechnik ebenfalls anwenden. Um sich beim Umhängen an den Haken oder bei kritischen Stellen an Klammern ausreichend sichern zu können, sollte er zwei Reepschnurschlaufen mit Karabinern verwenden, die abwechselnd ein- und ausgehängt werden.

Hochtouren und auch kurze Klettersteige sollen nur bei gutem Wetter begangen werden. Bei Gewittern besteht erhöhte Blitzgefahr.

VERHALTEN BEI GEWITTERN

Bei unerwartet und plötzlich auftretender Blitzgefahr weg von Eisenleitern und Drahtseilen! Alles Eisenzeug weglegen! Unterstand nicht in feuchtem Höhlengrund oder in Wasserrinnen suchen! Äußerst kritisch werden alle Touren, wenn es schneit. Probleme der Wegfindung, Rutschgefahr.

ALPINES NOTSIGNAL

Innerhalb einer Minute sechs Zeichen geben, regelmäßig alle zehn Sekunden (rufen, pfeifen, winken, blinken). Dann eine Pause von einer Minute, dann die Signale wiederholen usw.

Bekleidung und Ausrüstung

Grundsätzlich soll der Bergsteiger für die Begehung eines Klettersteiges in den Ostalpen so ausgerüstet sein wie für die Besteigung des entsprechenden Berges. Die Sicherungen sollen in keinem Fall dazu verleiten, auf notwendige Ausrüstungsgegenstände zu verzichten. Vor allem muß bei der Wahl der Bekleidung ein Wetter- und Temperatursturz in Rechnung gestellt und mit unvorhergesehenen Umständen gerechnet werden. Trotzdem soll sich niemand mit Unnützem belasten. Bekleidung und Ausrüstung müssen immer gut und in bestem Zustand sein.

Die **BEKLEIDUNG** muß warm, haltbar und doch möglichst leicht sein. Sie darf die Kletterbewegungen nicht hindern und die Blutzirkulation nicht hemmen.

Strümpfe: aus Wolle, wenigstens bis zum Knie reichend.

Bergschuhe: fest, wasserdicht, mit wenig Nähten, Profilgummisohle, Geröllabschluß, Ferse soll gut sitzen (für Hochtouren steigeisenfest).

Hose: Bund- oder lange Hose aus möglichst scheuerfestem/reißfestem und schnelltrocknendem Material. Sie soll warm und winddicht sein.

Pullover: mitteldick bis dick, lang, so daß er Bauch und Lenden schützt.

Anorak: aus beschichtetem Perlon oder imprägniertem Popelinstoff; besonders zu empfehlen Gore-Tex.

Regenschutz: Überwurf (Rucksack) oder ganzen Sturmanzug, bestes Material Gore-Tex.

Mütze: aus Wolle, evtl. Stirnband.

Steinschlaghelm: Wichtig! Kunststoffschale, mit Lüftung.

Handschuhe: Fäustlinge aus Wolle oder Lederhandschuhe.

Gamaschen: Für alle Touren mit Eis und Schnee.

Die **AUSRÜSTUNG** beschränkt sich bei kurzen Felssteigen auf einige Hilfsmittel, die immer im Rucksack sein sollten, wenn ein Ungeübter mit in der Gruppe ist. Bei Hochtouren Spezialausrüstung.

Rucksack: aus reißfestem, wasserdichtem Material, schmal und hoch, eine Deckeltasche ist günstiger als Seitentaschen. Im Rucksack sollten immer ein kleiner **Verbandsbeutel** und eine **Stirnlampe** liegen. Auch **Notproviant.**

Kombihammer: zum Queren von Eisrinnen;

Seil: 9—11 mm stark, 15—40 m lang, Kernmantel-Perlonseil, UIAA-geprüft.

Klettergürtel u. Sitzgurt: selbsttragender breiter Gurt, einfaches Modell genügt. Für Hochtouren immer in Kombination mit Sitzgurt zu tragen.

Reepschnur: 6—8 mm stark, 4 m lang, Kernmantel.

2 Schraubkarabiner: aus Leichtmetall, mit großer Öffnung, 3000 kg Bruchlast. Es gibt eigene Klettersteige-Karabiner.

Biwaksack: aus beschichtetem Perlongewebe, oder Gore-Tex für 2—3 Personen. Noch besser kleines Iglu-Zelt.

Pickel u. Steigeisen sowie **Eisschrauben** benötigt man auf allen hochalpinen Touren. Dazu natürlich Gletscherbrille, Bussole, Seil und Haken.

Kröteln: im Frühjahr und auf kurzen Eisfeldern von großem Vorteil.

Aktive Gestaltung

Dieses Buch stellt 100 verschiedene Klettersteige vor, eine Fülle von gesicherten Höhenwegen, präparierten Gipfelbesteigungen und entschärften Klettereien, Touren also, die allein schon zahlreiche Bergsommer ausfüllen können. Trotzdem warne ich davor, sie genau nach meinen Vorschlägen zu begehen, sie sozusagen abzuhaken, sich blindlings führen zu lassen.

Jeder kann und soll mit diesen Informationen als Unterlage seine **Phantasie** spielen lassen. Er kann nach seinem Können und seinen Wünschen Rundtouren zusammenstellen, Gipfelbesteigungen und Überschreitungen planen. Dazu ist es natürlich nötig, zuerst zu wissen, was man selbst kann, Instinkt fürs Gelände zu entwickeln. Nur wer zwischendurch Wanderungen einschaltet, den einen oder anderen Klettersteig in umgekehrter Richtung begeht, wird langsam ein selbständiger Bergsteiger, der auch in höheren Regionen sicher unterwegs sein kann. Die Seilsicherungen dort sollen keine Versicherung sein und sind es für Unerfahrene auch nicht.

Die **Gestaltung** einer Klettersteige-Tour beginnt daheim, in den langen Wintermonaten vielleicht, in denen man sich gerne zurückerinnert und träumt, plant, spielt.

An Hand einer **Wanderkarte** zeichnet man sich die geplante Route — am besten auf eine Fotokopie — genau ein, studiert Ausweichmöglichkeiten, Abstiege, mögliche Gipfelbesteigungen. Ein stichwortiger Auszug aus diesem Buch und dem entsprechenden Führer sollte diese Skizze ergänzen.

Die **Möglichkeiten** sind heute nahezu unerschöpflich, und sie sind es, die es dem Wanderer erlauben, seinen Urlaub immer wieder neu und aktiv zu gestalten; seine Route z. B. so zu wählen, daß sie seine Kraft nicht übersteigt; den Zeitplan so einzuteilen, daß die überlaufenen Steige entlastet werden; die Reihenfolge der Weganlagen so zu legen, daß sie eine Steigerung darstellen.

Die letzten Meter zum Glockner-Gipfel.

Die besonderen Gefahren an Klettersteigen — Aufreißen von Fingern an ausgefransten Drahtseilen, das Aufschlagen der Knie an Eisenklammern, Steinschlag, die Abrutschgefahr an nassen und vereisten Sicherungsseilen, Blitzgefahr — müssen dem Extremwanderer beim Planen und dann vor allem im Gelände immer gegenwärtig sein.

Eine Routenbeschreibung Meter für Meter ist für das Begehen der meisten Klettersteige deshalb nicht notwendig, weil sie — soweit nicht versichert — markiert oder abgetreten sind.

Der Ortler von Nordwesten.

Gegen Abend
endlich
der Moment
da ich mich
freigewandert habe

Und
ich setze
mich ins Gras

Als ob man
hinaufsteigen müßte
zu sich selbst

Am Drei-Schwestern-Weg in Vorarlberg.

1 2 Drei-Schwestern-Weg und Fürstensteig

Die schönste Weganlage im Rätikon

Der Rätikon-Kenner Walter Flaig nannte den Verbindungsweg zwischen dem Naturfreundehaus auf dem Vorderälpele und dem Alpenhotel Gaflei/Liechtenstein «die schönste Weganlage des Rätikons».

Beide Steige - 1898 bereits fertiggestellt - ergeben in Kombination eine großartige Überschreitung und erlauben einen doppelten Ausblick: einmal den Tiefblick ins gut 1000 m tiefer gelegene Rheintal, dann eine Rundsicht über Calanda, Ringelspitz, Tödi, Churfirsten, Alpstein, Allgäuer und Lechtaler Alpen.

Von Halbweg aus diesen exponierten Steigen gesehen, liegen die Berge wirklich unter dem Himmel, die Täler sind eingegraben in die Erde ... Beim stetigen Gehen nach und nach das greifbare Gefühl der Einheit von Himmel und Erde.

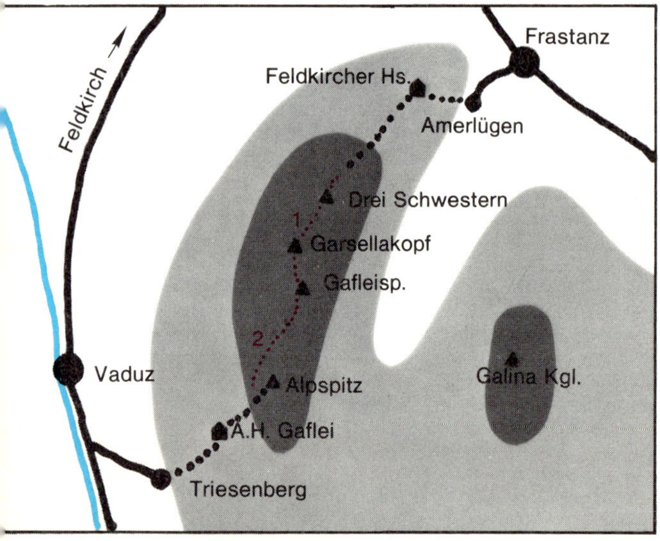

Höchste Höhe: ca. 2123 m.

Schwierigkeit: Leichter Klettersteig, große Teilstrecken Gehgelände.

Zeitdauer: 1 Tag, eventuell auf Feldkircherhaus übernachten.

Jahreszeit: Den Sommer und Herbst über begehbar.

Ausrüstung: Für Geübte (Trittsicherheit, Schwindelfreiheit) keine Seilsicherung. Feste Bergschuhe.

Ausgangsort: Feldkirch (459 m) oder Frastanz (ca. 510 m); von Frastanz kann man bis zur Parzelle Amerlügen (ca. 850 m) hinaufgefahren werden.

Verkehrsverbindungen: Eisenbahn, Postomnibus, PKW.

Stützpunkte: Feldkircherhaus (Naturfreundehaus) auf dem Vorderälpele (1204 m).

Wegverlauf: Feldkircherhaus - Hinterälpele - Drei Schwestern (2052 m) - Garsellakopf (2105 m) - Kuhgrat (2123 m). Bis hierher Drei-Schwestern-Weg, weiter Fürstensteig. Gafleispitz (2000 m) - Sattel (1856 m) nördlich der Alpspitz - südwestl. hinab durch die Gipsbergwände in der Alpspitz - W-Flanke (teilweise ausgesprengte und versicherte Weganlage) - Alpenhotel Gaflei - Triesenberg (Fürstentum Liechtenstein).

Einstieg: Nördlich der Drei Schwestern auf ca. 1820 m.

Höhenunterschiede/Gehzeiten: Aufstieg zirka 1000 Höhenmeter, Abstieg ca. 750 Höhenmeter bis Alpenhotel Gaflei, von dort Fahrstraße nach Triesenberg ca. 5 Std. vom Feldkircherhaus.

Abstieg: Im Wegverlauf beschrieben.

Endpunkt: Triesenberg, von dort Omnibusverkehr über Vaduz nach Feldkirch.

Tip: Besonders im Herbst empfehlenswert.

Hochbetrieb am Liechtensteiner-Höhenweg (Drei-Schwestern-Weg und Fürstensteig).

Allgäuer Alpen/Bayern/Tirol

3 Heilbronner Weg

Die große Überschreitung im Allgäuer Hauptkamm

Als der Heilbronner Weg im Jahre 1899 fertiggestellt wurde, war der Begriff Klettersteig als solcher noch nicht geboren. Es ging in erster Linie darum, das Hohe Licht mit der Mädelegabel über einen Höhenweg zu verbinden. Der versicherte Teil des Weges beginnt im Westen bei der Wegteilung zum Hohen Licht und geht über den deutsch-österreichischen Grenzkamm zur Östlichen Bockkarscharte. In diesem Abschnitt sind die luftigsten Passagen durch Leitern und Drahtseile gangbar gemacht, der übrige Teil ist gut angelegter, ausgetretener Wanderweg. Wer sich nur für diesen «eisenhaltigen» Abschnitt des Heilbronner Weges interessiert, kann von der Östlichen Bockkarscharte nach Westen zum Waltenberger-Haus absteigen (teilw. versichert) und gelangt so zum Ausgangspunkt zurück. Ein Abstecher zum Hohen Licht am Beginn des Höhenweges ($^1/_2$ Std. von der Wegteilung) bringt auf den höchsten Punkt mit einer großartigen Aussicht.

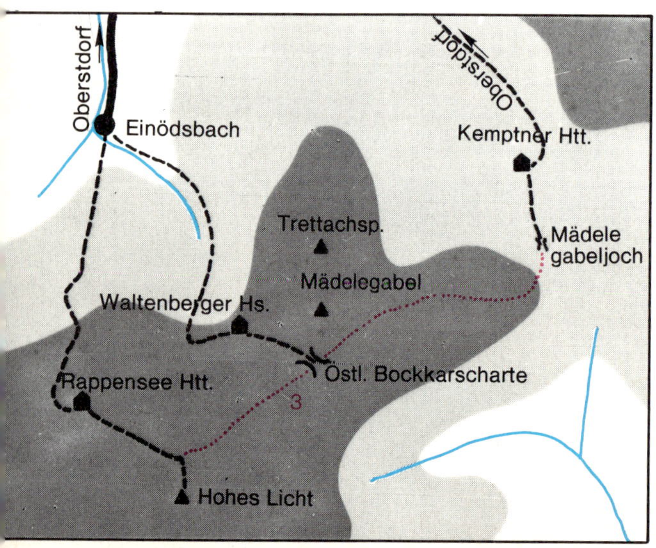

Höchste Höhe: Steinschartenkopf, 2615 m. Evtl. Hohes Licht, 2652 m.

Schwierigkeit: Hochalpine Gratüberschreitung, ernste und lange Tour. Bei Wetterstürzen auch im Sommer Schneefall möglich. Die Wegabschnitte in den nordseitigen Hängen sind oft vereist oder naß.

Zeitdauer: 2 Tage mit Übernachtung auf der Rappenseehütte.

Jahreszeit: Juli bis Anfang Oktober.

Ausrüstung: Klettersteigausrüstung.

Ausgangsort: Einödsbach, 1113 m, Oberstdorf.

Verkehrsverbindungen: Das Tal von Oberstdorf nach Birgsau und Einödsbach ist für den Verkehr gesperrt (zu Fuß sehr lang, 3—4 Std.).

Stützpunkte: Rappenseehütte, 2091 m. Kemptner Hütte, 1845 m. Evtl. Waltenberger-Haus, 2083 m.

Wegverlauf: Oberstdorf → Birgsau → Einödsbach. Aufstieg zur Rappenseehütte. Von der Hütte nach Osten zur Großen Steinscharte und in die Westflanke des Hohen Lichts. Bei der Wegteilung H. Licht - Heilbronner Weg (nach links) beginnt der Höhenweg. Über Kleine Steinscharte - Steinschartenkopf - Wilder Mann - Socktalscharte - Bockkarkopf - Westliche Bockkarscharte zur Östlichen Bockkarscharte führt der eigentliche Klettersteig.

Einstieg: Bei der Wegteilung Hohes Licht - Heilbronner Weg. Einige Versicherungen schon vorher.

Höhenunterschiede/Gehzeiten: Einödsbach - Rappenseehütte: ↑ 1000 m, 3 Std. Rappenseehütte - Heilbronner Weg - Kemptner Hütte: ↑ ↓ → Viel Gesamthöhenunterschied, 5—6 Std. Kemptner Hütte - Spielmannsau: ↓ $1^1/_2$ Std.

Abstieg: Von der Kemptner Hütte nach Spielmannsau, das in einem anderen Tal (!) als der Ausgangspunkt liegt.

Endpunkt: Spielmannsau, 1000 m. Zufahrt von Oberstdorf für Verkehr gesperrt. Pferdewagenverbindung. Zu Fuß nach Oberstdorf 2 Std.

Tip: Die Tour in dieser Richtung ist weniger anstrengend als umgekehrt (Schatten beim Aufstieg).

Ausblick vom historischen Heilbronner Weg zu den Schafalpenköpfen, über die der neu angelegte Mindelheimer Klettersteig führt.

4 Hochvogel

5 Kreuzspitze-Überschreitung und Bäumenheimer Weg

Der Hochvogel ist wahrscheinlich der formschönste Gipfel der Allgäuer Alpen. Von Norden wirkt der Gipfelaufbau mit etwas Phantasie wie eine mächtige Adlerfigur, thronend über dem Bärgündletal mit seinen rauschenden Wasserfällen. Besonders empfehlenswert ist eine Überschreitung des Berges von Bayern ins nahe Tirol. Das Gestein ist teilweise etwas brüchig, doch vermitteln die Steiganlagen einen unschwierigen Zustieg zum Gipfel. Der Berg ist ein markanter Richtpunkt im Hauptkamm der Allgäuer Alpen, die große Fülle von Klettersteigen in dieser Berggruppe ermöglicht eine grandiose Tour entlang den bedeutendsten Gipfeln. Vom Hochvogel zum Heilbronner Weg und weiter zum Mindelheimer Klettersteig über eindrucksvolle Höhenwege und drei Klettersteige. Eine lohnende Anschlußtour ist auch das Stück des Jubiläums-Höhenweges vom Hochvogel nach Norden zum Iseler.

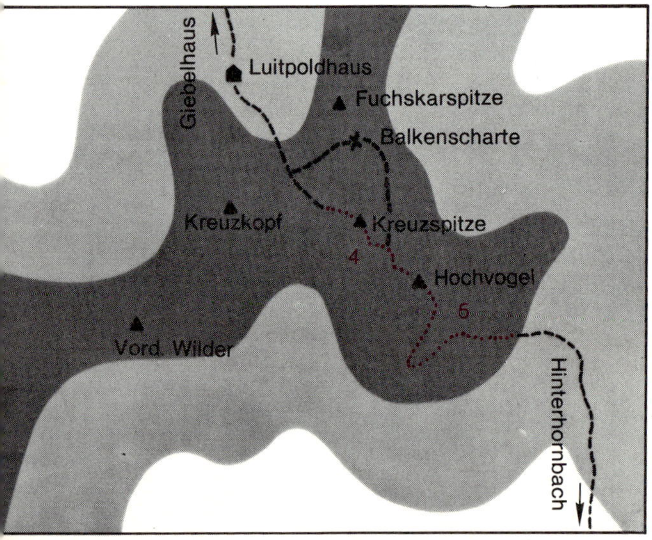

Höchste Höhe: Hochvogel 2593 m.

Schwierigkeit: Mäßig schwierig, etwas steinschlaggefährdet, teilw. brüchiges Gelände.

Zeitdauer: Tagestour, günstig $1^1/_2$Tage mit Übernachtung auf dem Prinz-Luitpold-Haus.

Jahreszeit: Mitte Juni bis Anfang Oktober.

Ausrüstung: Klettersteigausrüstung.

Ausgangsort: Hinterstein im Ostrachtal bei Hindelang, 865 m (weiter für Pkw. gesperrt). Weiter zum Giebelhaus zu Fuß oder mit Kleinbusverbindung.

Verkehrsverbindungen: Fahrstraße von Hindelang.

Stützpunkte: Giebelhaus, 1067 m. Prinz-Luitpold-Haus, 1847 m.

Wegverlauf: Vom Giebelhaus hinein ins Bärgündletal und auf einem bequemen Weg hinauf zum Prinz-Luitpold-Haus. Vom Haus nach 30 Min. an den „Kalten Quellen" bei der Weggabelung rechts zur Kreuzspitze. Überschreitung der Kreuzspitze und Abstieg zur Scharte im „Kalten Winkel".
Weiter über die Westflanke zum Gipfel des Hochvogels. Vom Gipfel nach Süden absteigen (Richtung Tirol). Diesem Bäumenheimer Weg folgt man absteigend bis zur Wegteilung beim Roßkar (1977 m ca.).

Einstieg: Unter der Kreuzspitze.

Höhenunterschiede/Gehzeiten: Giebelhaus - Hochvogel: ↑ 1530 m, 5 Std. Bäumenheimer Weg und Rückkehr zum Prinz-Luitpold-Haus: ↓ ↑ 3—4 Std. Abstieg nach Hinterhornbach: ↓ 2—3 Std.

Abstieg: Von der Wegteilung im Roßkar weiter über den rechten Weg absteigen nach Hinterhornbach, oder nach links hinauf zum Fuchsensattel, hinüber in den „Kalten Winkel" und über die Balkenscharte zurück zum Prinz-Luitpold-Haus.

Endpunkt: Wie Ausgangsort oder Hinterhornbach im Hornbachtal (Tirol), 1101 m.

Tip: Ein sehr schöner Höhenweg führt vom Prinz-Luitpold-Haus nach Südwesten zur Kemptener Hütte (Anschluß zum Heilbronner Weg).

Der Hochvogel, der ausgeprägteste Gipfel der Allgäuer Alpen.

Allgäuer Alpen/Bayern

6 Die Hohen Gänge

Von der Rotspitze zum Breitenberg

Die Hohen Gänge sind der Teil des Gratzuges, der, am Breitenberg beginnend, nach Süden zieht, bis er scharf nach Westen umbiegt. Die höchsten Zacken dieses Kammes erreichen nur knapp die 2000-Meter-Grenze, und auch die Zustiege sind nicht übermäßig lang. Der Klettersteig selber hat einige recht hübsche Kraxelstellen, so daß dieser leichteste Steig der Allgäuer Alpen gerade für Anfänger ideal ist.

Klettersteige dieser Länge können fast immer ohne aufwendiges Gepäck bewältigt werden, doch sieht man oft, wie riesige Rucksäcke durch die Gegend geschleppt werden. Ich habe mir schon viele finstere Blicke von «zünftigen» Bergsteigern eingehandelt, wenn ich ohne Tagesverpflegung und in der Badehose (allerdings mit den Schwierigkeiten entsprechender Ausrüstung) auf Eisenwegen unterwegs war. Dafür spürte ich, daß ich frei war von Ballast und falschen Konventionen, frei für das, was am Berg entscheidet.

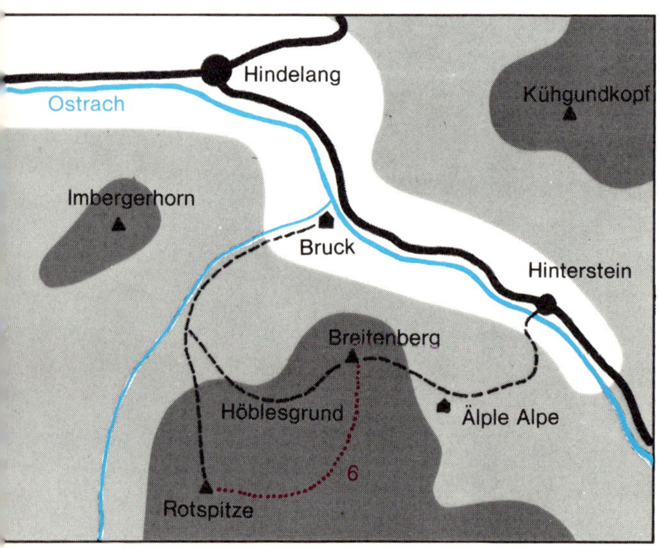

Höchste Höhe: Rotspitze, 2033 m. Breitenberg, 1887 m.

Schwierigkeit: Grattour, übersichtliches Gelände. Wenige senkrechte (Leiter), einige steile Stellen. Der Klettersteig ist gut versichert und bietet immer wieder Gelegenheit zu Verschnaufpausen.

Zeitdauer: Tagestour.

Jahreszeit: Das ganze schneefreie Jahr.

Ausrüstung: Klettersteigausrüstung.

Ausgangsort: Bruck im Ostrachtal, 860 m.

Verkehrsverbindungen: Fahrstraße von Hindelang. Hindelang erreicht man vom Tannheimer Tal (Oberjochpaß, Tirol) oder von Sonthofen.

Stützpunkte: Keine.

Wegverlauf: Von Bruck auf Fahr- (für Kfz. gesperrt) oder Wanderweg ins Rettenschwangtal bis zur Abzweigung zur Häbelesgund-Alm (nach links, Tafel). In südöstlicher Richtung ansteigen durch dichten Wald zur Alm, wo sich der Weg teilt. Auf dem rechten weiter gegen die Bergflanken zu, die im Südwesten den weiten Häbelesgund-Kessel begrenzen. In Serpentinen auf die Kammhöhe und weiter über den Nordgrat zur Rotspitze.

Einstieg: Der Klettersteig führt als Gratüberschreitung von der Rotspitze zum Breitenberg. Beginn der Versicherungen zwischen erstem und zweitem Drittel des Verbindungsgrates (wo dieser nach Norden umbiegt). Einige Versicherungen auch am Nordgrat zur Rotspitze.

Höhenunterschiede/Gehzeiten: Bruck—Rotspitze: ↑ 1170 m, 3 Std. - Rotspitze—Breitenberg: ↔ leicht auf und ab, $1^1/_2$ bis 2 Std. Breitenberg—Bruck: ↓ 1040 m, 2—$2^1/_2$ Std.

Abstieg: Vom Breitenberg über latschenbestandene Hänge hinunter in den Häbelesgund und weiter wie Aufstieg oder nach Osten ins Ostrachtal (über Älpelen-Alpe nach Hinterstein und weiter nach Bruck); etwas länger.

Endpunkt: Bruck, 860 m.

Tip: Einer der leichtesten Allgäuer-Steige.

Ausblick vom Aufstieg zur Rotspitze.

7 Rote Flüh und Schartschrofen

8 Rote Flüh - Nordwestgrat und Friedberger Steig

Die Tannheimer Gipfel über dem Ostufer des Haldensees, als Wander- und Klettergebiet seit langem geschätzt, haben seit etlichen Jahren auch «ihren» Klettersteig. Der 1974 erbaute Friedberger Steig macht die Gruppe damit auch für Liebhaber dieser Art von Bergsteigen interessant. Einige derartige Anlagen existierten allerdings schon früher. Der Normalaufstieg von der Judenscharte zur Roten Flüh und vor allem deren Nordwestgrat sind gewissenhaft versicherte Steige, die jeder halbwegs bergtüchtige Wanderer begehen kann. Eine wirklich sportliche Note bringt aber nur der Südaufstieg zum Schartschrofen. Der steile, etwas brüchige Grat ist von der Gelben Scharte zum Gipfel mit Drahtseilen versehen, die sehr gut verspannt sind und so das Gefühl der Sicherheit vermitteln.

Die Überschreitung vom Füssener Jöchl zur Roten Flüh war bis zur Fertigstellung des Steiges nicht möglich, so daß man eine Nord-Süd-Durchquerung des Gebirgsstockes mit dem Abstieg zur Otto-Mayr-Hütte verbinden mußte.

Höchste Höhe: Rote Flüh, 2111 m. Schartschrofen, 1973 m.

Schwierigkeit: Der NW-Grat-Aufstieg zur Roten Flüh ist unschwierig (bei feuchtem Wetter erdig schlüpfrig). Der Schartschrofen-SO-Grat ist ein rassiger, luftiger Klettersteig, meist trocken, Abstieg.

Zeitdauer: Tagestour.

Jahreszeit: Juni bis Anfang November (Achtung auf Betriebssaison des Füssener-Jöchl-Sessellifts!).

Ausrüstung: Klettersteigausrüstung.

Ausgangsort: Grän, 1134 m, Talstation des Sessellifts zum Füssener Jöchl.

Verkehrsverbindungen: Grän liegt wenig abseits (östlich) der Straße durch das Tannheimer Tal zwischen Haldensee und Tannheim.

Stützpunkte: Neue Gimpel-Hütte, 1720 m. Bei Schlechtwettereinbruch evtl. Otto-Mayr-Hütte, 1530 m.

Wegverlauf: Grän Füssener Jöchl (Sessellift). Der Weg verläuft als Teil des „Tannheimer Höhenweges" vom Füssener Jöchl südostwärts über Läuferspitze und Schartschrofen zur Roten Flüh. Klettersteige finden sich an Schartschrofen (Südostgrat) und Roter Flüh (Nordwestgrat).

Einstieg: Schartschrofen: Der Klettersteig verläuft über den Südostgrat und wird bei dieser Routenwahl im Abstieg begangen (Gipfel - Gelbe Scharte). Rote Flüh: Am Fuße des Nordwestgrates.

Höhenunterschiede/Gehzeiten: Füssener Jöchl—Schartschrofen—Rote Flüh: → ↓ ↑ Viel Gesamthöhenunterschied durch ständiges Auf und Ab, 3—4 Stunden. Rote Flüh—N. Gimpel-Hütte: ↓ 45 Min. N. Gimpel-Hütte—Endpunkt: ↓ 700 m, 1 Std.

Abstieg: Vom Gipfel der Roten Flüh nach Osten in die Judenscharte (versichert), dann weiter absteigen im Kar unter den Südwänden des Gimpel und durch Almwiesen und ein Waldstück zur Neuen Gimpel-Hütte. Von dieser durch den Wald nach Nesselwängle.

Endpunkt: Nesselwängle im Tannheimer Tal, 1047 m.

Tip: Landschaftlich großartig. Bis Gelbe Scharte meist wenig, an der Roten Flüh viel Betrieb.

Die Rote Flüh in den Allgäuer Alpen über dem Haldensee.

9 Mindelheimer Klettersteig

Ein fast «italienischer» Steig im Allgäu

In den Bergen, die den südlichsten Zipfel Deutschlands einschließen, finden sich auf engem Raum die bekanntesten und längsten Klettersteige der Allgäuer Alpen. Der jüngste, erst 1975 fertiggestellte Mindelheimer Klettersteig ist der anspruchsvollste und frechste von allen.

Der Steig führt mit viel Phantasie und Mut zum Außergewöhnlichen in die Bergwelt der Schafalpen, durch Wände und Schluchten, über Grate und Kanten. Manchmal drängt sich der Eindruck auf, als ob leichtere Möglichkeiten der Wegführung ungenutzt geblieben wären, um lustigere Varianten zu suchen und zu finden.

Der Weg scheint mit dem Berg zu spielen, die Route hat nicht mehr allein den Zweck, kürzeste und leichteste Verbindung zu sein, sie ist ein Schritt zu dem zurück, was im «erschlossenen» Gelände vielfach verlorengegangen ist: zur Überraschung, zur Bestätigung der eigenen Fähigkeit, zum Irrationalen als wesentlichen Bestandteil des Bergsteigens ohne Notwendigkeit einer Legitimation.

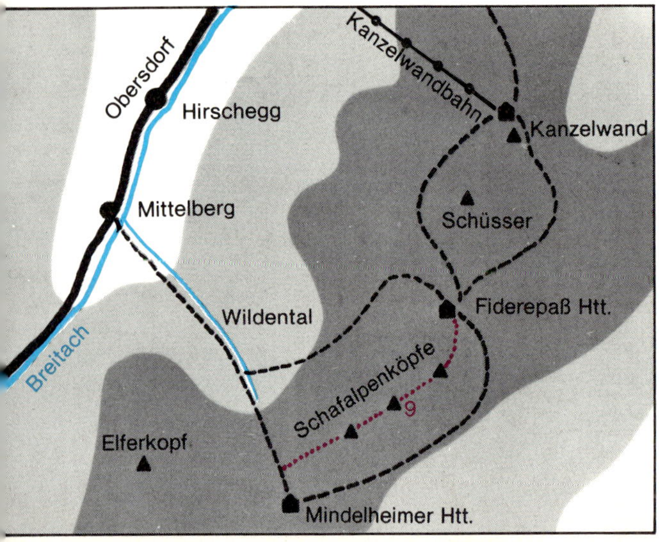

Höchste Höhe: Nördlicher Schafalpenkopf, 2320 m.

Schwierigkeit: Großzügig versicherte Steiganlage. Alle notwendigen Steighilfen sind vorhanden und in gutem Zustand. Teils sehr luftige Passagen an Klammern, Leitern und Eisentritten.

Zeitdauer: 1½ Tage mit Übernachtung auf der Fiderepaß-Hütte. Auch an einem Tag (allerdings lang) zu machen.

Jahreszeit: Juni bis Anfang Oktober.

Ausrüstung: Klettersteigausrüstung, für Kinder evtl. Seil.

Ausgangsort: Bei Seilbahnbenützung: Riezlern im Kleinen Walsertal (Vorarlberg), 1088 m, Talstation der Kanzelwandbahn. Stillachtal bei Oberstdorf (Bayern), Talstation der Fellhornbahn, 920 m. Zu Fuß: Mittelberg im Kl. Walsertal, 1218 m (Wildental).

Verkehrsverbindungen: Alle Ausgangsorte sind von Oberstdorf auf Bundesstraßen erreichbar.

Stützpunkte: Fiderepaß-Hütte, 2065 m. Mindelheimer-Hütte, 2058 m.

Wegverlauf: Der Klettersteig verläuft als Überschreitung über Nördlichen, Mittleren und Südlichen Schafalpenkopf, bleibt aber nicht immer am Grat. Das letzte Stück über das Kemptener Köpfle zur Mindelheimer-Hütte ist Wanderweg.

Einstieg: Auf dem Grat nach der Saubuckelscharte unter den Nordabstürzen des Nördlichen Schafalpenkopfes.

Höhenunterschiede / Gehzeiten: Ausgangsort (bei Seilbahnbenützung)—Bergstation—Fiderepaß-Hütte: ↓ ↑ 2 Std. Ausgangsort—F.-Hütte (zu Fuß): 3 Std. F.-Hütte—Mindelheimer-Klettersteig—Mindelheimer-Hütte: → ↓ ↑ ziemlich Gesamthöhenunterschied durch dauerndes Auf und Ab, 3—4 Std. M.-Hütte—Endpunkt: 1½ Std.

Abstieg: Von der Mindelheimer-Hütte nach Westen ins Wildental (anfangs teilweise versichert), das bei Mittelberg mündet.

Endpunkt: Mittelberg im Kleinen Walsertal, 1218 m.

Tip: Der Mindelheimer Klettersteig ist Teil des sog. „Oberstdorfer Höhenweges".

Am Mindelheimer Klettersteig.

Ortlergruppe/Südtirol

10 Ortler-Überschreitung

11 Hochalpine Eistour mit gesicherten Stellen

Der Hintergrat und der Normalweg am Ortler sind an den schwierigsten Stellen zwar gesichert, trotzdem aber nicht mit den üblichen Klettersteigen zu vergleichen. Der Ortler ist schließlich die «Höchst- Spitz» in ganz Tirol und reicht knapp an die 4000-m-Grenze heran.

Da aber die schwierigsten Felspassagen am Ostgrat (Hintergrat) und am Tabarettakamm oberhalb der Payer-Hütte (1975 baute der BRD-Sulden die Sicherungen am Tschirfeck neu aus) mit Eisenstiften, Drahtseilen, Ketten und Leitern entschärft sind, können beide Anstiege als gesicherte Hochtouren gewertet werden. Ein dritter «Eisenweg», der «Meraner-Weg» von der Bergl-Hütte durch die Felsen des Pleißhorns ist leider völlig verfallen und wird fast überhaupt nicht mehr begangen.

Die Überschreitung des Ortlers aber — Aufstieg über den Hintergrat, Abstieg zur Payer-Hütte — gehört nach wie vor zu den großen Überschreitungen in den Ostalpen.

Höchste Höhe: 3905 m.

Schwierigkeit: II-III, nur kurze gesicherte Stellen, viel Eisarbeit.

Zeitdauer: Eineinhalb Tage.

Jahreszeit: In guten Jahren von Juni bis September begehbar.

Ausrüstung: Seil (40 m, 11 mm), 4—5 Karabiner, 2 Reepschnüre, Pickel, Steigeisen, Eisschrauben, Bussole.

Ausgangsort: Sulden.

Verkehrsverbindungen: Bahnstation Spondinig-Prad, Autobus bis Sulden oder mit dem PKW bis Sulden, Talschluß; Parkplatz bei der Talstation der Gondelbahn. Mit der Gondel bis zur Mittelstation.

Stützpunkte: Hintergrat-Hütte (2661 m); Für Normalwegaufstieg Payer-Hütte (3028 m).

Wegverlauf: Von der Hintergrat-Hütte auf gut ausgeprägtem Steig bis zum markanten Moränenrücken, der als Verlängerung des Hintergrates von der Hütte aus sichtbar ist. Dem Moränenrücken folgt man bis zum Beginn der Felsen. Den Fels umgeht man links und gelangt in eine Schuttrinne, die den Einstieg zum Hintergrat bildet. Der Hintergrat fächert sich vor dem „oberen Knodt" in zwei Arme auf, zwischen denen ein breiter Geröllkessel liegt. Durch diesen führt der Weg hinauf bis zu den Felsen des „oberen Knodt". Von hier immer am Grat entlang bis zum Signalkopf, der links umgangen wird (Seilsicherungen). Die nächsten Felsaufschwünge werden direkt überklettert, bis zum Gipfel.

Einstieg: Links des eigentlichen Grates.

Höhenunterschiede/Gehzeiten: Hintergrat-Hütte bis zum Gipfel rund 1300 m Aufstieg, 5—7 Std. Payer-Hütte—Gipfel ca. 900 m, 3—4 Std.

Abstieg: Entweder über den Hintergrat zurück (vor allem bei Nebel zu empfehlen) oder über den Normalweg und die Payer-Hütte nach Sulden.

Endpunkt: Sulden.

Tip: Bei gutem Wetter empfiehlt sich die Überschreitung.

Aufstieg über den Hintergrat am Ortler. Im Hintergrund Königsspitze (rechts) und Cevedale.

Ortlergruppe/Südtirol

12 „Otto-Erich-Groll-Steig" und 13 „Reinstadler-Felsroute"

Zwei kurze Eisenwege überm Zay-Tal

Drei relativ leichte Klettersteige in der Hochgebirgszone rings um die Düsseldorfer-Hütte hat der rührige Bergführer und Hüttenwirt Otto Reinstadler neben dem kühneren Steig am NW-Grat auf die Vertainspitze angelegt. Eine Ansammlung von gesicherten Gipfeltouren auf engem Raum, die einen Besuch wert sind. Die beiden Klettersteige über dem hinteren Zay-Tal, der Südgrat auf die Tschengelser Hochwand und der Nordwestgrat auf den Hohen Angelus, sind nicht schwierig, sie eignen sich zum Kennenlernen des Urgesteins und bieten einmalige Tiefblicke: südwestseitig auf die Schuttfelder mit den kleinen Schmelzwasserseen, nordseitig in das 2500 m tiefer liegende Vinschgau mit den Reschen- und Haider See, über denen sich reihenweise die Dreitausender der Ötztaler aufbauen. Wer Lust und Ausdauer hat, begeht diese beiden Klettersteige an einem Tag, ein anderer in zwei, unterhaltsam sind sie immer, auch wenn man zweimal anmarschieren muß.

Die Holzleiter an der Tschenglser-Hochwand.

Höchste Höhe: 3375 m, 3521 m.
Schwierigkeit: mäßig schwierig.
Zeitdauer: Tagestour.
Jahreszeit: Normalerweise von Juni bis September möglich.
Ausrüstung: Für die Tschengelser Hochwand reicht Klettersteigausrüstung, für den Hohen Angelus empfehle ich Pickel und Seil.
Ausgangsort: Sulden.
Verkehrsverbindungen: Bahnstation Spondinig-Prad, Autobus bis Sulden, PKW bis Sulden, Talschluß.
Stützpunkte: Düsseldorfer-Hütte (2727 m); $2^1/_2$ Std. von Sulden; Abkürzung durch den Kanzellift.
Wegverlauf: Von der Düsseldorfer-Hütte auf gut (gelb) markiertem Steig (Nr. 5) in das hintere Zay-Tal bis unter die Südwand. Links des Gipfels führt eine Schuttrinne in eine tiefe Scharte, durch die der Normalweg führt. Auf halber Höhe zweigt der „neue Weg" vom „alten Weg" (teilweise versichert) ab. (Hinweisschild) Von hier führt der Klettersteig über den Südgrat zum Gipfel. Der Klettersteig auf den Hohen Angelus führt über den NW-Grat.
Einstieg: Deutlich markiert.
Höhenunterschiede/Gehzeiten: 700 m von der Hütte; $2^1/_2$ Std. bis 3 Std.
Abstieg: Abstieg über den „alten Weg" zur Scharte; auch Überschreitung zum Hohen Angelus möglich.
Endpunkt: Sulden.
Tip: Die beiden Touren können von konditionsstarken Alpinisten in Kombination an einem Tag bewältigt werden.

14 15 Vertainspitze

Luftige Kletterei über der Düsseldorfer-Hütte

Seit Jahren arbeitet der Wirt der Düsseldorfer-Hütte an einem Klettersteig, der über den Nordwestgrat auf die Vertainspitze führt. Dieser Urgesteingipfel, dem Ortler gegenüber, in der nordöstlichen Ortlergruppe aufragend, ist zu einem beliebten Kletterberg geworden. Berühmt ist dieser Dreitausender wegen seiner extrem steilen Nordwand, einer Eiswand, die sich als Hängegletscher Jahr für Jahr verändert. Nicht weniger berühmt ist die Aussicht vom Gipfel.

Der Berg, auf dem nach der heidnischen Mythologie die Seelen der guten Männer hausten, wird von den Bauern in Sulden einfach Vertain genannt.

Als ich vor Jahren schon nach einer Hängegletscherbegehung über den Klettersteig abstieg, war es gerade Morgen. Im warmen Licht der Ortler und die Königsspitze, ich selbst übermütig. An diesem klarstmöglichen Sommertag stieg ich, ohne noch etwas zu wollen, umher mit dem Bewußtsein, ich hätte etwas versäumt, wenn ich jetzt nicht hier wäre.

Höchste Höhe: 3544 m.

Schwierigkeit: II-III, nur teilweise versichert.

Zeitdauer: Tagestour.

Jahreszeit: Meist von Juni bis Oktober begehbar. Plötzliche Wetterstürze sind häufig und bei der Planung miteinzubeziehen, Schneefälle!

Ausrüstung: Kletterseil/11 mm, 4—5 Karabiner, 2 Reepschnüre, Pickel, (Steigeisen, je nach den Verhältnissen).

Ausgangsort: Sulden (ca. 1900 m).

Verkehrsverbindungen: Bahnstation Spondinig-Prad, Autobus bis Sulden, PKW bis Sulden. Mit dem „Kanzellift" bis 2500 m.

Stützpunkte: Düsseldorfer-Hütte (2707 m); 2½ Std. von Sulden.

Wegverlauf: Unmittelbar über der Hütte steilt sich der imposante Blockgrat der Vertainspitze auf. Der ganze NW-Grat ist von der Hütte weg gelb markiert und vor allem ist der erste steile Aufschwung gut versichert. Immer über den Grat bis zur „Harpprecht Kuppe", dem von der Hütte aus sichtbaren Vorgipfel. Querung in die S-Seite bis man wieder logisch zum Grat kommt, der in einen breiten Firnhang ausläuft. Dieser wiederum leitet zum NO-Grat und unschwierig weiter zum Gipfel.

Einstieg: Am Gratsockel. Haken und Markierungen sind deutlich zu erkennen.

Höhenunterschiede/Gehzeiten: Hütte-Gipfel ca. 850 m, 3—3½ Std.

Abstieg: Entweder den Grat zurück (vor allem bei Nebel) oder den SO-Grat hinab zum „Rosim-Joch", den „Laaser-Ferner" querend zur „Angelusscharte" und zurück zur Hütte.

Endpunkt: Sulden.

Tip: Ein teilweise versicherter Steig („Walterweg") führt über den NO-Grat auf die Vertainspitze; 1½ Std. aus der Angelusscharte.
Das Gebiet um die Düsseldorfer-Hütte ist weniger überlaufen als Ortler und Königsspitze.

Im Aufstieg zur Vertain-Spitze mit Blick zum Ortler.
Unten im Tal liegt das Bergsteigerdorf Sulden.

16 Orsi-Steig

Auf gesichertem Höhenweg von der Tuckett- zur Tosa-Hütte

Der Orsi-Steig — italienisch Sentiero Orsi — gehört nicht nur zu den eindrucksvollsten Wanderwegen in der Brenta, er ist einer der schönsten im gesamten Alpenbogen.

Auf breiten natürlichen Simsen führt er unter der Ostseite des zentralen Brentastocks entlang und bietet ein Schauvergnügen ersten Ranges. Wild zerrissen stehen da die Sfulmini und der Spallone di Massòdi, kühn ragt der Torre di Brenta darüber auf und bestechend, alles andere an Eleganz übertreffend, die weltberühmte Guglia, auch Campanile Basso genannt. Die Versicherungen an der „Sega Alta" führen bis zum Naso di Massòdi, einem eindrucksvollen Aussichtspunkt. Sie regen immer wieder zum Schauen, zum Staunen an.

Höchste Höhe: 2656 m.
Schwierigkeit: leicht.
Zeitdauer: Tagestour.
Jahreszeit: Von Juni bis September begehbar.
Ausrüstung: Klettersteigausrüstung, festes Schuhwerk.
Ausgangsort: Madonna di Campiglio.
Verkehrsverbindungen: Von Trento und Bozen (Mendel, Val di Sole) zu erreichen.
Stützpunkte: Tuckett-Hütte (2271 m).
Wegverlauf: Über den Gletscher zum Tuckettpaß und eine steile Schotterrinne hinab ins Massòdi-Kar; Querung durch die „Sega Alta" und die „Buse" zur Tosa-Hütte.
Einstieg: Tuckettpaß.
Höhenunterschiede/Gehzeiten: Tuckett-Hütte bis Tosa-Hütte 600 m, 4 Std.
Abstieg: Über die Bocca di Brenta.
Endpunkt: Madonna di Campiglio.
Tip: In Kombination mit den berühmten Bocchette-Wegen zu begehen.

Nirgends sonst wirkt die Guglia (Campanile Basso) so schlank und herausfordernd wie vom Orsi-Steig.

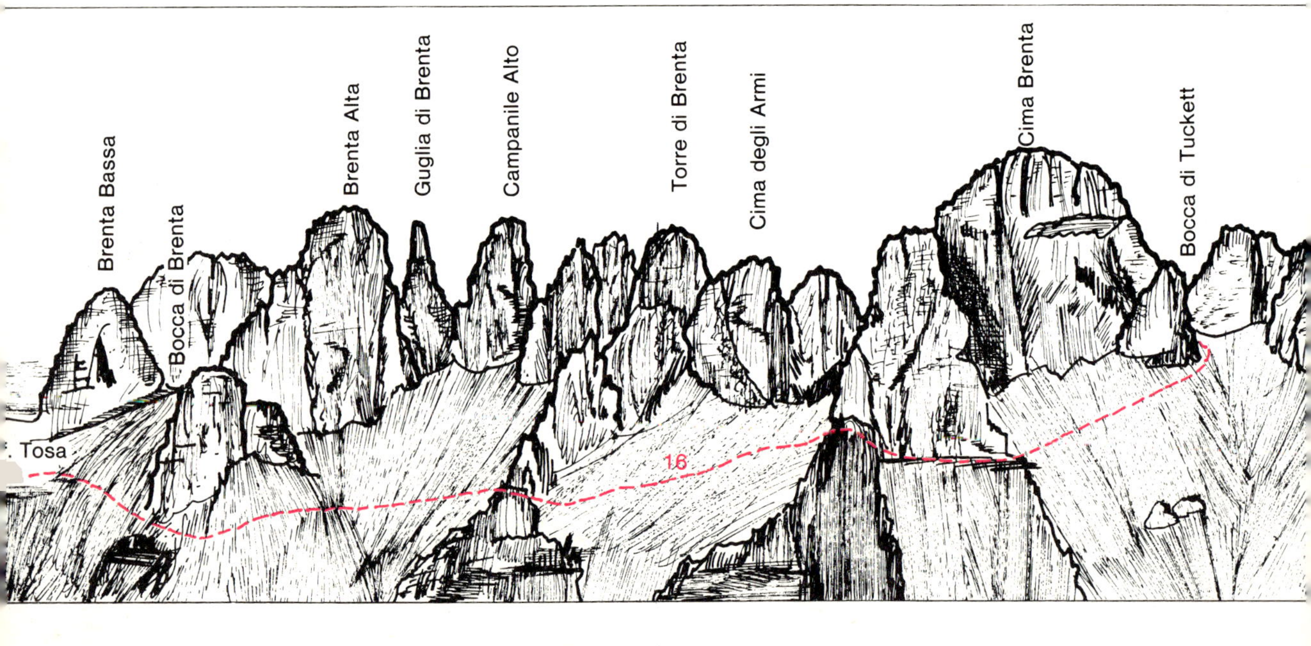

17 Via dell'Amicizia

Ein Klettersteig über Palmen und Oliven

Die „Via dell'Amicizia" auf den Hausberg von Riva stellt sicher einen der eigentümlichsten Klettersteige dar. Vom Klettertechnischen her wird zwar wenig Abwechslung geboten — endlose Leiterfluchten und strauchiges Schrofengelände prägen den Durchstieg dieser Ostwand — doch übt die Steiganlage einen ganz eigenen Reiz auf seine Begeher aus. So wie die Einheimischen fast liebevoll von „ihrer Rocchetta" sprechen, haftet dem Berg ein Hauch von Süden und Sonne an, den die beginnende Mittelmeervegetation am Ausgangsort neben Eichen und Buchen beim Gipfel noch verstärkt. Wir hätten von oben noch gerne länger den kleinen weißen Dreiecken zugesehen, die weit unten auf der grünschillernden Fläche kreuzten, hätte uns nicht Hans zur „Marende" auf eine saftige Pizza in sein Zelt bestellt.

Der Klettersteig erreicht nicht den höchsten Punkt der Rocchetta, sondern endet 200 Meter tiefer auf einem markanten Felsturm mit gutem Ausblick auf Riva und Umgebung.

Höchste Höhe: 1250 m, Endpunkt des Klettersteiges. Gipfel Rocchetta 1521 m.

Schwierigkeit: Schwindelfreiheit erfordern zwei 80-Meter-Leitern. Die gesamte Steiganlage ist mehr anstrengend und lang als schwierig.

Zeitdauer: Tagestour.

Jahreszeit: Das ganze schneefreie Jahr. Besonders eindrucksvoll ist der Herbst dieses Voralpenlandes mit den starken Farben der Mischwälder.

Ausrüstung: Klettersteigausrüstung. Nach Hitzeperioden und im Spätsommer findet man weder im Auf- noch im Abstieg Wasser.

Ausgangsort: Riva del Garda, 78 m, Westende der Stadt.

Verkehrsverbindungen: Brennerautobahn, Ausfahrt Rovereto Süd; Staatsstraße nach Riva. Staatsstraße durch das Val di Ledro. Gardesana (Staatsstraße), von Verona bzw. Brescia aus entlang den Ufern des Gardasees.

Stützpunkte: Capanna S. Barbara 560 m, am Aufstiegsweg gelegen. Nicht bewirtschaftet. Hüttenschlüssel abzuholen im S.A.T. Büro in Riva.

Wegverlauf: Die ersten Versicherungen in leichterem Gelände beginnen in 640 m. Den Wegverlauf mit der Nr. 404 markieren in der Schrofenzone Steigspuren und Farbflecke. Der Zugang erfolgt von Riva aus über einen Waldweg.

Einstieg: Am Ende des geschlossenen Waldgürtels in ca. 640 m Höhe.

Höhenunterschiede/Gehzeiten: Riva—Capanna S. Barbara: ↑ 480 m, 1½ Std.; Capanna—Einstieg: ↑ 80 m, 15 Min.; Einstieg—Ausstieg: ↑ 600 m, 1½ Std.; Ausstieg—Riva: ↓ 2 Std.

Abstieg: Einige Minuten hinter dem Ausstieg am Vorgipfel trifft der Weg Nr. 404 auf eine Gabelung, deren rechter Steig mit der Nr. 418 für den Abstieg benützt wird. Dieser mündet in 500 m Höhe in den Weg Nr. 402, dessen rechte Abzweigung direkt nach Riva führt.

Endpunkt: Riva del Garda.

Tip: Bei mehrtägigem Aufenthalt bietet sich der Monte Albano für weitere Unternehmungen an. Ausgangsort ist Mori.

An den steilen Felsen der Rocchetta über Riva am Gardasee wuchern Sträucher und Bäume.

18 Klettersteig Monte Albano

Senkrechte Felswände überm Etschtal bei Mori

Der 550 m lange, teilweise buchstäblich senkrechte Klettersteig am Monte Albano über Mori ist mehr als ein Trainingspfad für extreme Bergwanderer. Die vorbildlich gesicherte Steiganlage ermöglicht — besonders auch in der kalten Jahreszeit, wenn die berühmten Klettersteige tief verschneit sind — Kletterfreuden in der Senkrechten. Nicht nur die vielen originellen Kletterstellen (Eulenquergang, Zwillingskamin, Engelquergang, Hakenverschneidung), auch der Blick auf die Dächer von Mori, die Brennerautobahn und die Mauerreste eines Schlosses lassen die Tour zu einem abwechslungsreichen Erlebnis werden.

Bei Nässe kann dieser Klettersteig doppelt anstrengend sein. Ich ahnte dies, als ich erstmals in ihn einstieg; doch Reinhart Hoffmeister kletterte nach kurzem Zögern an der ersten glatten Felsausbauchung tapfer hinter mir her. In der Wandmitte banden wir uns dann doch zusammen, und beim Ausstieg schauten wir wohl etwas verdreckt und abgekämpft aus.

Höchste Höhe: ca. 500 m.

Schwierigkeit: sehr schwierig, überaus ausgesetzt.

Zeitdauer: Halbtagstour.

Jahreszeit: Die nach Südost gerichtete Wand ist an warmen Sommertagen nicht zu empfehlen. Sonst das ganze Jahr über begehbar, Vorsicht nach Regen, erhöhte Rutschgefahr.

Ausrüstung: Klettergürtel, 2 Reepschnüre, 2 Karabiner, Steinschlaghelm, Seil empfehlenswert.

Ausgangsort: Mori an der orografisch rechten Seite des Etschtales.

Verkehrsverbindungen: Mori ist von der Brennerautobahn (Rovereto Süd) in wenigen Minuten zu erreichen. Ab Rovereto 7 km; ab Riva del Garda 12 km; ab Torbole 12 km.

Stützpunkte: Alle Orte im Raum Trento, Gardasee.

Wegverlauf: Von Mori (Parkmöglichkeiten) über einen breiten Weg zum Heiligtum, das unter den Wänden des Monte Albano thront. Weiter über einen Steig zum Fuß im rechten Teil der gelbgrauen Wände; Über mehrere Stufen führt der Klettersteig senkrecht empor (Auskneifmöglichkeiten!) und leitet ausgesetzt nach links zu Grasbändern in der Wandmitte. Über die Bänder, eine Schuppe und weitere Bänder gewinnt man — immer nach links querend — die senkrechten Ausstiegsverschneidungen, die auf bebaute Felder der Anhöhe führen.

Einstieg: Am Wandfuß; Tafeln; Drahtseile höher oben sichtbar.

Höhenunterschiede/Gehzeiten: Mori Einstieg: 20 Min. Einstieg Gipfel: 300 m, 2—3 Std.; Abstieg bis Mori 1/2 Std.

Abstieg: Über ein Steiglein („Sentiero di rientro") westlich der senkrechten Felswände.

Endpunkt: Mori.

Tip: Besonders im Winter, Frühling und Spätherbst zu empfehlen.

Am Mori-Steig gibt es nur wenige Verschnaufpausen.
Auch im oberen Teil ist die Wand senkrecht.

19 Burrone-Klettersteig

Durch eine tiefe Schlucht nach Monte

In der Ecke zwischen Etsch und Noce ragen steile, gelbgraue Felswände über Mezzocorona auf. Am Fuße dieser Wände, unter riesigen Felsdächern, steht die Ruine Kronmetz, von der Autobahn, der Straße und der Eisenbahn aus gut sichtbar.

Durch die tiefe Schlucht (ital. Burrone) links dieser alten Mauern führt ein kühner Klettersteig, der für schwindelfreie Extremwanderer von großem Reiz ist. Der teils senkrechte Spaziergang durch einen düsteren, wasserdurchtosten Schrund führt aus den tiefen Tälern auf die dünn besiedelte Höhenterrasse unter der Roccapiana und macht damit einen Gegensatz deutlich, der nur wandernd, steigend über Empfindungen und Stimmungen zur Erkenntnis führt. Es ist unwichtig, was man gemacht hat, wichtig bleibt allein, wohin eine solche Bergtour die Gefühle eines Menschen führen kann.

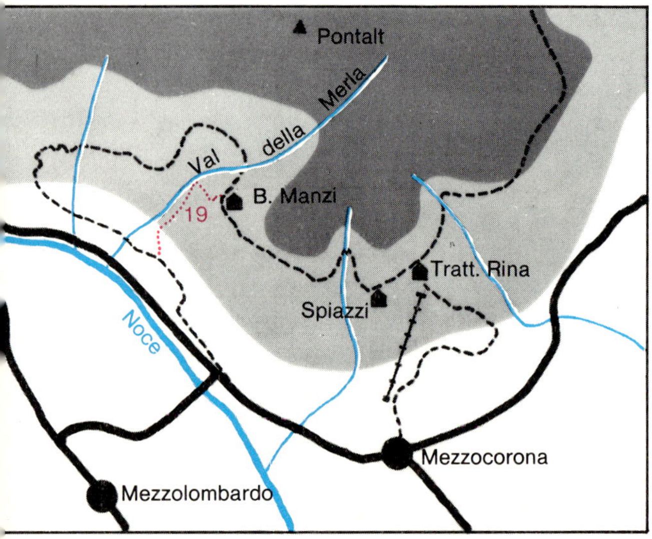

Höchste Höhe: ca. 1000 m.

Schwierigkeit: Sehr ausgesetzt, mittelschwierig.

Zeitdauer: Halbtagstour/Tagestour.

Jahreszeit: Besonders im Vorfrühling und Spätherbst zu empfehlen. Im Sommer meist zu heiß.

Ausrüstung: Für Ungeübte Seilsicherung zu empfehlen, Klettersteigausrüstung.

Ausgangsort: Mezzocorona im Etschtal zwischen Bozen und Trient, am Eingang ins Nonstal.

Verkehrsverbindungen: Eisenbahnhaltestelle, Autobahnausfahrt, mit PKW von S. Michele all'Adige zu erreichen.

Stützpunkte: Der Steig ist aus allen Orten zwischen Bozen und Trient (Anfahrt) leicht an einem Tag zu begehen.

Wegverlauf: Von der Ortsmitte Mezzocorona (Parkplatz) auf der Hauptstraße bis zur dritten Brücke (Hinweistafel „Burrone") und über einen schmalen Fahrweg zum Einstieg. Über Leitern und an Steigen entlang in die eigentliche Schlucht hinein und weiter bis zur Hochfläche von Monte.

Einstieg: In den Felsen links der Felsenrinne.

Höhenunterschiede/Gehzeiten: Mezzocorona bis Monte: ca. 700 m, 2—2½ Std.

Abstieg: Mit der Seilbahn Monte—Mezzocorona oder Abstieg über den steilen Fußweg (Beginn nördlich der Seilbahnstation).

Endpunkt: Mezzocorona.

Tip: In Verbindung mit einer Wanderung auf die Grauner Alm wird dieser Ausflug zur Tagestour.
Die früheren Holzleitern sind heute durch Metalleitern ersetzt. Besonders eindrucksvoll ist der Schluchtgrund.

Blick von Gfrill bei Salurn zur Salurner Klause. Darüber die Brenta-Berge.

20 Fennberg-Klettersteig

Leitern und Mischwälder überm Südtiroler Unterland

„Wo zwischen Fennberg und Geier die Etsch" Südtiroler Boden verläßt, verläuft die Sprach- und Landesgrenze der Provinz Bozen und Trient. Ungefähr an dieser Grenze führt ein abwechslungsreicher Klettersteig aus der niederen Talsohle mit Wein- und Obstgärten hinauf in die karge Mittelgebirgslandschaft des Fennbergs. Die Sektion Unterland des Südtiroler Alpenvereins hat mit der Anlage dieses Steiges eine Wandermöglichkeit erschlossen, die vor allem in der kühleren Jahreszeit zu empfehlen ist.
Die senkrechten Stellen im ersten Drittel des Anstieges sind gut gesichert und der ausgesetzte Ausstieg birgt für einen geübten Berggeher keine ernste Gefahr. Die breiten, bewaldeten Bänder und Rampen, die den eigentlichen Klettersteig öfters unterbrechen, sind vielleicht nicht nach jedermanns Geschmack, mich jedoch können sie ebenso begeistern wie die Querung unterm Höhlenüberhang mit dem Tiefblick ins zerfurchte und lärmerfüllte Etschtal, das fast 1000 m tiefer liegt.

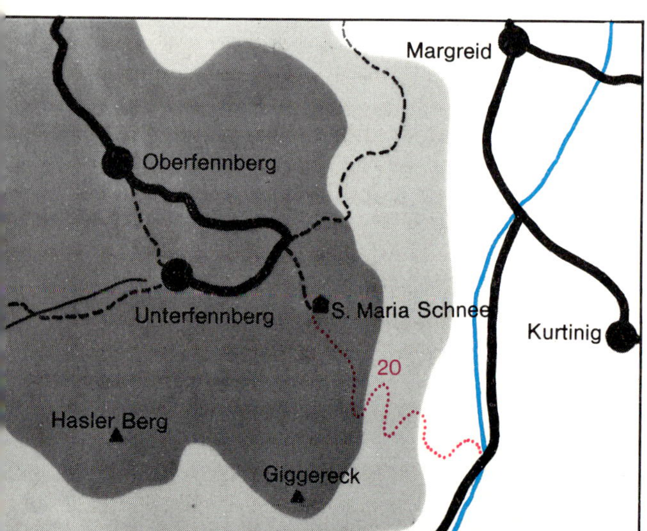

Höchste Höhe: ca. 1120 m.

Schwierigkeit: Bis auf zwei Steilwände ist der Steig leicht.

Zeitdauer: Halbtagstour.

Jahreszeit: Meist das ganze Jahr begehbar.

Ausrüstung: Neben der üblichen Klettersteigausrüstung empfiehlt es sich, einen Steinschlaghelm mitzunehmen.

Ausgangsort: Margreid bei Kurtatsch im Südtiroler Unterland.

Verkehrsverbindungen: Über die Weinstraße bzw. Neumarkt/Auer (Autobahnausfahrt) bequem im Auto zu erreichen.

Stützpunkte: Der Fennberg-Klettersteig kann von allen Orten Südtirols, besonders des Unterlandes aus an einem Tag gemacht werden.

Wegverlauf: Von der Straße nach Eichholz (Rovere della Luna) nahe der Sprachgrenze (Hinweisschilder, vorher Parkmöglichkeiten) durch einen schütteren Strauchwald bis unter die Felsen. Rechtshaltend erreicht man einen Kamin und über steile Wandstufen (Klammern, Drahtseile, Leitern) einen Buschwaldgürtel. Über eine Leiter und eine riesige Rampe rechtshaltend zu einem zweiten Waldgürtel (Wildegg) und in einer großen Rechtsschleife bis unter den versicherten Ausstieg. Einige Drahtseile leiten auf die Anhöhe und ein Steig zur Ortschaft Unterfennberg.

Einstieg: ca. 3,5 km südlich von Margreid. Von der Straße, die südlich vom Ortskern nach Eichholz (Rovere della Luna) abzweigt zum schrofigen Wandfuß.

Höhenunterschiede/Gehzeiten: Einstieg bis Fennberg ca. 900 m $2^1/_2$—3 Std.

Abstieg: Über den Klettersteig oder über Putzwald (Steig Nr. 3) nach Margreid: ca. 2 Stunden.

Endpunkt: Unterfennberg im Aufstieg. Der Ausgangsort Margreid nach dem Abstieg.

Tip: Der Steig ist besonders im Frühjahr und im Spätherbst zu empfehlen. Meist auch im Winter möglich. Bei Nässe ist er ob der Gras- und Erdstellen besonders rutschig.

Wie am Fennberg-Steig gibt es an den meisten südlichen Klettersteigen viele Leitern.

Dolomiten/Palagruppe

21 Buzzati-Steig

Durch die Schluchtlandschaft am Fuße des Sass Maòr

Aus den Tannenwäldern am Fuße der Pala führt ein neuer Klettersteig durch schrofiges, abwechslungsreiches alpines Gelände bis zum Fuß der senkrechten Wände. Er ist gut markiert und nach Dino Buzzati, einem Dichter und Bergsteiger benannt, der diese Felsenwelt geschätzt und häufig besucht hat. Im Gegensatz zu San Martino, dem mondänen Fremdenverkehrsort, ist es in dieser gewaltigen Schluchtlandschaft am Fuße des Sass Maòr, der die Szene beherrscht, meist still und wildromantisch.

Wie oft ging ich an diesen Türmen entlang, hinaufschauend, mit der Idee einer neuen Route spielend, aber das dazugehörige Größenverhältnis fand ich erst, als ich wieder im Tal war, aus der nötigen Distanz.

Die Schlüsselstelle in der Mitte des Buzzati-Steiges.

Höchste Höhe: ca. 2450 m.

Schwierigkeit: Viel Schrofen, mäßig schwierig.

Zeitdauer: Tagestour.

Jahreszeit: Von Juni bis September begehbar.

Ausrüstung: Normale Klettersteigausrüstung.

Ausgangsort: San Martino di Castrozza/Pedemonte im Val Canali.

Verkehrsverbindungen: Mit dem Auto bis Cant del Gal.

Stützpunkte: Unterkunft im Val Canali oder im Bivacco del Velo.

Wegverlauf: Aufstieg über den Jägersteig (leicht) und Abstieg über den Buzzati-Klettersteig. Links der Sass-Maòr-Ostwand springt ein großer Schrofensporn vor. Der Klettersteig quert den unteren Teil des Sporns (Versicherungen). Vom Bivacco del Velo über die Cima Stanga und Cimerlo durch Rinnen und Kamine abwärts.

Einstieg: Pedemonte.

Höhenunterschiede/Gehzeiten: ↑ ca. 1000 m, 3 Std., ↓ 1000 m, 4 Std.

Abstieg: Buzzati-Steig.

Endpunkt: Cant del Gal, San Martino.

Tip: Besonders in Kombination mit dem Schleierweg lohnend.

Mendelkette/Südtirol

22 Roén-Klettersteig

Kurze Schrofenstufen zwischen Ortler und Dolomiten

Unmittelbar oberhalb der Überetscher-Hütte, hoch überm Südtiroler Unterland, ragt eine Felsflucht auf: schrofig, von Bändern durchzogen, da und dort Latschenbestände. Durch diese Felsen führt ein kurzer, leichter Klettersteig auf den Mendelkamm.
Der Fels ist teils schottrig, die Seilsicherungen aber sind gut, und da das Gelände nie steil ist, kann gerade dieser Anstieg auch Anfängern zugetraut werden.
Die Ausblicke von oben — auf der einen Seite die Ortler-Cevedale-Gruppe, auf der anderen die westlichen Dolomiten — bieten eine Übersicht über den Raum Bozen, das Südtiroler Unterland und das Val di Sole.
Im Herbst, der Mittagsdunst über den Tälern, ist auch dieser Steig oft leer. Als ob man über den Tälern schwebte. Oben einschlafen können vor Wohlgefühl, kaum frierend in dem Nachmittagswind, der ganz stetig weht.

Höchste Höhe: ca. 2100 m.

Schwierigkeit: Der Steig ist durchgehend leicht, er kann auch von einem Nichtkletterer problemlos begangen werden.

Zeitdauer: Halbtagstour.

Jahreszeit: Meist von Mai bis Oktober begehbar.

Ausrüstung: Klettersteigausrüstung.

Ausgangsort: Mendel-Paß.

Verkehrsverbindungen: Über die Paßstraße von Kaltern (Bozen) und Cles (Trento) zu erreichen.

Stützpunkte: Der Roén-Steig ist von der Bozner- und Trientiner Umgebung aus leicht an einem Tag begehbar. Besonders günstig liegt die Überetscher-Hütte (1775 m) am Wandfuß.

Wegverlauf: Von der Überetscher-Hütte in wenigen Minuten durch schüttere Waldbestände und Latschen zum Einstieg. Der eigentliche Klettersteig führt zuerst rechtshaltend, dann auf einem breiten Band nach links und über Rinnen auf den begrünten Bergkamm. Zur Überetscher-Hütte (mit dem Auto zum Sessellift) gelangt man in ca. 1 ½ Std. von der Mendel.

Einstieg: Über Felsstufen und einen Schottersteig zum ersten Drahtseil.

Höhenunterschiede/Gehzeiten: Überetscher-Hütte—Gratkamm: ca. 300 m, 1 Std.

Abstieg: Am Gegenhang (Latschen) zur Roén-Alm (1769 m), ca. ½ Std. und zurück zur Mendel.

Endpunkt: Mendel-Paß.

Tip: Dieser wirklich leichte und kurze Steig ist als Lehrpfad für ängstliche Bergsteiger geeignet. Im Sommer heiß und überlaufen. Auch für Kinder, da nicht ausgesetzt und kurz, bei entsprechender Vorsicht zu verantworten.

Der kurze Roén-Klettersteig eignet sich wie kaum ein anderer zum Anfangen.

23 24 Tribulaun und Pflerscher Höhenweg

Zwei Klettersteige am italienisch-österreichischen Grenzkamm

Der Pflerscher Höhenweg, der vom Portjoch an der Südseite der Tribulaune bis zur Tribulaunhütte am Sandessee führt, bietet eine ausgesetzte Höhenwanderung. Der Steig ist teilweise mit Drahtseilsicherungen versehen und bezeichnet. Zusammen mit dem Südwandaufstieg auf den Pflerscher Tribulaun, der im Gipfelaufbau ebenfalls versichert ist, bietet er eine grandiose Tour, die Einblick bietet in die wilde Welt der Tribulaune.
Der kühn angelegte Pflerscher Höhenweg durchzieht steile Hänge, Schluchten und Gräben, die steile, enge und steinschlaggefährliche Gipfelrinne am Pflerscher Tribulaun ist, obwohl mit fixen Drahtseilen entschärft, eine ernste Felstour. Sie kann nur erfahrenen Kletterern zugemutet werden, verlangt Orientierungssinn und viel Gefühl für brüchiges Gestein.

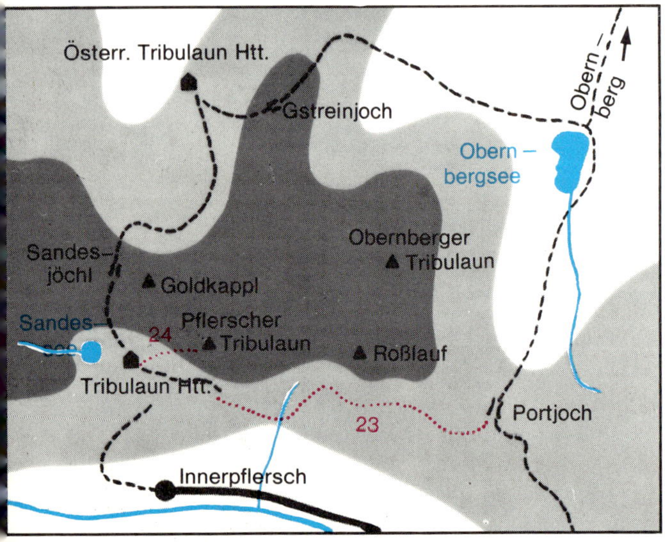

Höchste Höhe: 3096 m.

Schwierigkeit: II-III; sehr schwierig; auch der Pflerscher Höhenweg ist ausgesetzt.

Zeitdauer: besser eineinhalb Tage.

Jahreszeit: Von Juli bis September begehbar.

Ausrüstung: Seil und Klettersteig-Ausrüstung.

Ausgangsort: Obernberg im Obernbergtal.

Verkehrsverbindungen: Das Obernbergtal zweigt bei Gries am Brenner, westlich vom Wipptal von der Autobahn ab.

Stützpunkte: Sommergasthaus am Obernberger See, Gasthäuser und Hotels in Obernberg, Tribulaunhütte (Rif. Calciati).

Wegverlauf: Der Pflerscher Höhenweg beginnt am Portjoch (2 Std. vom Obernberger See) und führt im steilen Auf und Ab über Einschnitte und Felsstufen, die teils versicherten „Gänge" und „Kammern" bis zur italienischen Tribulaunhütte. Von hier aus ist die Gipfelbesteigung eine normale Tagestour.

Einstieg: Der Pflerscher Höhenweg beginnt am Portjoch, der Einstieg zum Pflerscher Tribulaun in einer markanten, schluchtartigen Rinne.

Höhenunterschiede/Gehzeiten: Pflerscher Höhenweg: 3—4 Std. Tribulaunhütte—Pflerscher Tribulaun ca. 800 m, 4 Std.

Abstieg: Wie Aufstieg oder über die österreichische Tribulaunhütte.

Endpunkt: Obernberg.

Tip: Wer sich den Pflerscher Tribulaun nicht zutraut, kann den Höhenweg mit einem Übergang (Sandesjöchl) zur österreichischen Tribulaunhütte verbinden und über das Gstreinjöchl nach Obernberg zurückgehen.

Der Pflerscher Tribulaun, nur im Gipfelbereich versichert, ist ein ernster Klettersteig-Dreitausender. Zusammen mit dem Pflerscher Höhenweg ergibt sich eine grandiose Tour.

25 26 Zugspitze

«Höllentalklamm», «Leiter», «Brett», «Stopselzieher»

Die Zugspitze, knapp 3000 m hoch, ist nicht nur der höchste Gipfel Deutschlands, sie bietet eine Reihe von versicherten Wegstücken, die sowohl in der Anlage als auch in der Schwierigkeit einen Höhepunkt im Reigen der nordalpinen „vie ferrate" darstellen. In Kombination begangen, stellen sie eine sehr anstrengende und überaus lange Bergtour dar.

Auf- und Abstieg führen über charakteristische Stellen wie „Leiter", „Brett" (Höllental) und „Stopselzieher" (Westabstieg). Die Durchquerung der Wilden Hollentalklamm zu Beginn der Tour ist ein Erlebnis für sich und spricht auch den Klettersteiggeher an.

Die zweigipfelige Zugspitze, der Knotenpunkt, von dem aus der Waxenstein-, Blassen- und Wettersteinkamm ausgehen, ist der beherrschende Berg der ganzen Gruppe, ein wildzerschartetes Bergmassiv, das bestens erschlossen, berühmt und dementsprechend überlaufen ist.

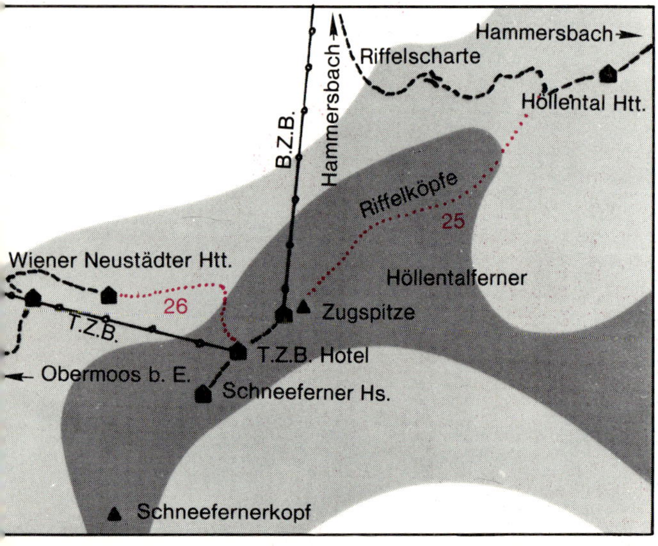

Höchste Höhe: Zugspitze, Hauptgipfel, 2963 m.

Schwierigkeit: Sehr lang, auch mit Übernachtung ziemlich anstrengend. Oft wechselnde Verhältnisse.

Zeitdauer: 1 ½ Tage mit Übernachtung auf der Höllentalhütte.

Jahreszeit: Juli bis Ende September.

Ausrüstung: Klettersteigausrüstung, evtl. Seil, mindestens ein Pickel pro Gruppe.

Ausgangsort: Hammersbach bei Garmisch-Partenkirchen, 753 m.

Verkehrsverbindungen: Fahrstraße von Garmisch-Partenkirchen. Abzweigung von der Westausfahrt der Stadt (Garmisch-Ehrwald).

Stützpunkte: Höllentalhütte (Höllentalangerhütte), 1381 m. Gipfelhotel Tiroler Zugspitzbahn, 2950 m. Schneefernerhaus, 2650 m. Wiener Neustädter Hütte, 2220 m.

Wegverlauf: Die Überschreitung der Zugspitze von Osten nach Westen bietet so viel Klettersteig wie kaum ein anderer Berg.

Einstieg: Nach der Gabelung des Weges (Riffelscharte-Zugspitze) am Zugspitzweg. Stopselzieher (Westabstieg): Die Versicherungen reichen von der Bergstation der Tiroler Zugspitzbahn bis hinunter zum oberen Rand des österreich. Schneekares.

Höhenunterschiede/Gehzeiten: Hammersbach bis Höllentalhütte: 630 m, 2 Std. Hütte bis Zugspitzgipfel: 1580 m, 5—6 Std. Gipfel—Wiener Neustädter Hütte: 740 m, 1 ½—2 Stunden.

Abstieg: Im Abstieg wird der leichtere Teil der Tour absolviert. Der Abschnitt Gipfel (Bergstation Tiroler Z. B.) — Wiener Neustädter Hütte über den Stopselzieher (kaminartiger, versicherter Bergstollen) ist Klettersteig. Der schnellste Abstieg von der Hütte ist die Benützung der Tiroler Z.-Bahn ab Mittelstation. Hütte—Mittelstation (Georg-Jäger-Steig) ½ Std.

Endpunkt: Obermoos bei Ehrwald, 1225 m.

Tip: Die große Zahl von Anstiegswegen und Seilbahnen am Berg erlaubt vielfältige Kombinationsmöglichkeiten. Die besprochene Route stellt das Optimum für den Klettersteiggeher dar.
Auf jeden Fall die Personalpapiere nicht vergessen. Grenzgebiet!

Zugspitze mit Seebensee.

27 28 Alpspitze

Schöne Gänge, Matheisenkar Nordwandsteig

Die gegen Westen geneigte Pyramide der Alpspitze, das Wahrzeichen von Partenkirchen, ist ein großartiger Aussichtsberg mit mehreren Klettersteigemöglichkeiten.

Die „Schönen Gänge", ein altehrwürdiger Klettersteig, und der neue, von der Bayrischen Zugspitzbahn finanzierte Nordwandsteig lassen sich mit dem drahtseilgesicherten Abstieg ins Matheisenkar beziehungsweise dem Südwestgrat verbinden und erlauben so alle möglichen Kombinationen in Länge und Schwierigkeit. Gleichzeitig wird durch dieses Klettersteigenetz der Besucherstrom etwas verteilt.

Es liegt mir nicht, die Alpinisten nach Können zu katalogisieren. Jeder, der im Gebirge mit eigenen Kräften unterwegs ist, bleibt für mich ein Bergsteiger, ob er nun wandert, Klettersteige begeht oder extrem steigt.

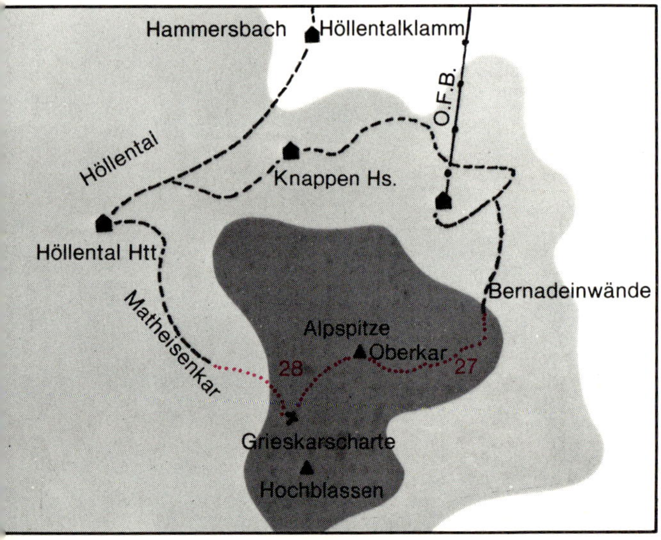

Höchste Höhe: Alpspitze, 2629 m.

Schwierigkeit: Schwindelfreiheit (viele Gratstücke) und Trittsicherheit Voraussetzung. Im Matheisenkar bei Nebel und Schlechtwetter großes Orientierungsgefühl notwendig.

Zeitdauer: Tagestour.

Jahreszeit: Juli bis Oktober.

Ausrüstung: Klettersteigeausrüstung.

Ausgangsort: Talstation der Osterfelderbahn bei Garmisch-Partenkirchen.

Verkehrsverbindungen: Zufahrtsstraße von südlichem Ortsende von Garmisch.

Stützpunkte: Höllentalhütte, 1381 m, Knappenhäuser, 1527 m (beide beim Abstieg).

Wegverlauf: Auffahrt mit der Osterfelderbahn. Von der Bergstation (2050 m) nach Süden absteigen zum Fuß der „Schönen Gänge". Über Klettersteig südostwärts hinauf ins Oberkar über den Bernadeinwänden. Vom Kar aufsteigen zur „Schulter" und über den Ostgrat zum Gipfel.

Einstieg: Am oberen Rand des Kars unter den Bernadeinwänden.

Höhenunterschiede/Gehzeiten: Bergstation—Einstieg: 1/2 Std. Einstieg—Gipfel: 2 bis 2 1/2 Std. Gipfel—Mathaisenkar—Hammersbach: 4—5 Std.

Abstieg: Über den Südwestgrat (Klettersteig) zur Grieskarscharte, 2430 m. Kurz vor deren tiefsten Einsattelung rechts ab und über den Wandgürtel (Klettersteig) hinunter ins Matheisenkar. Vom Kar (Aufsuchen des Pfades westlich) zur Höllentalhütte und durch das Höllental (Höllentalklamm) nach Hammersbach.

Endpunkt: Hammersbach bei Garmisch, 753 m.

Tip: Ein ganz neuer Klettersteig, der erst vor kurzem fertiggestellt wurde, ist der Nordwandsteig. Er führt von der Osterfelderbahn-Bergstation ins Oberkar der Alpspitze (durch den unteren Teil der Nordwand). Der Steig ist hervorragend versichert (Steigbügel, Seile, Leitern, sogar ein Felsstollen) und ist der kürzeste Anstieg zum Gipfel.

Die Alpspitze von Norden.

29 Innere Höllentalspitze

Klettersteig-Aufstieg zum Blassenkamm

Ein relativ leichter, doch sehr lohnender Klettersteig führt vom Brunntalkopf über den stumpfen, geschweiften Grat durch die Südseite der Inneren Höllentalspitze und bietet so einen interessanten Zustieg zum berühmten Jubiläumsweg, dem teilweise versicherten Höllentalgrat zwischen Zugspitze und Hochblassen.

Der teils luftige Grat über der Knorrhütte darf als selbständiger Klettersteig gewertet werden, in Verbindung mit einem Teilstück des Jubiläumsweges jedoch sprengt er die üblichen Dimensionen des versicherten Höhenweges und bietet eine überaus lange und sehr eindrucksvolle Hochtour.

Wer nach jahrelanger Klettersteige-Erfahrung fähig ist, den Jubiläumsweg selbständig zu führen, hat die Voraussetzungen für ungezählte ungesicherte Touren in den Alpen — es tut sich ihm eine neue faszinierende Welt auf.

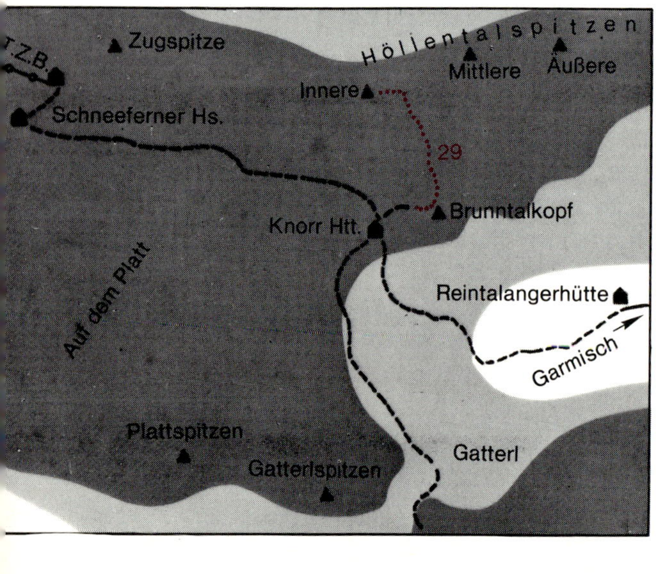

Höchste Höhe: Innere Höllentalspitze, 2743 m.

Schwierigkeit: Gut versicherte Grattour, einige Stellen luftig. Schwindelfreiheit Voraussetzung. Logische Route.

Zeitdauer: 1 oder 2 Tage je nach Wahl des Ausgangsortes.

Jahreszeit: Ende Juni bis Anfang Oktober.

Ausrüstung: Klettersteigausrüstung.

Ausgangsort: Der günstigste Zustieg zur Knorrhütte ergibt sich bei Benützung der Tiroler Zugspitzbahn, Ausgangsort ist die Talstation Obermoos bei Ehrwald, 1225 m. Länger (3 Std.) ist der Zustieg über das Zugspitzgatterl; Ausgangsort Ehrwalder Alm, 1500 m. Sehr lang ist der Aufstieg über Partnachklamm und Reintalangerhütte (7 Std.), Ausgangsort Garmisch-Partenkirchen, 700 m.

Stützpunkte: Knorrhütte, 2051 m. Schneeferner-Haus, 2650 m. Evtl. Reintalangerhütte, 1366 m.

Wegverlauf: Ausgangsort Knorrhütte. Fünf Minuten oberhalb der Knorrhütte vom Zugspitzweg rechts ab und an die Felsen. Über Rinnen und grasiges Gelände auf die Grathöhe beim Brunntalkopf. Der Klettersteig folgt dem langen Südostgrat der Inneren Höllentalspitze (Brunntalkopf-Gipfel). Der Gipfel wird im letzten Stück von Osten her erreicht (Jubiläumsweg).

Einstieg: Am Brunntalkopf, 2265 m.

Höhenunterschiede/Gehzeiten: Bergstation Tiroler Zugspitzbahn—Knorrhütte: 750 m, 1 1/2 Std. Knorrhütte—Klettersteig—Innere Höllentalspitze: 700 m, 2 1/2 Std.

Abstieg: Wie Aufstieg. Beim Rückweg über das Schneeferner-Haus (Zugspitzkamm) ist zu bedenken, daß zum Abschluß einer Tagestour eine Gegensteigung von 750 m zu überwinden ist!

Endpunkt: Wie Ausgangsorte, am kürzesten ist der Abstieg zur Ehrwalder Alm (über Gatterl).

Tip: Kombination mit Teilen des Jubiläumsgrates (exponierter, hochalpiner Klettersteig, nur teilweise versichert).

Zugspitze (links) und Innere Höllentalspitze.

30 Riffelscharte

Leichter Klettersteig mit großartigen Tiefblicken

Der Übergang über die Riffelscharte — eine der ältesten Klettersteige — ist ein landschaftlich eindrucksvoller, relativ leichter versicherter Höhenweg, der auch als Ausweichtour häufig begangen wird. In Kombination mit der Besteigung des Riffeltorkopfs oder der südlichen Riffelspitze bietet er eine anspruchsvolle Tagestour mit großartiger Aussicht und imposanten Tiefblicken.

In der untersten, noch begrünten Mulde des Riffelkares Obacht auf die Abzweigung des Schafsteiges (bei einer Linkskehre, dieser Steig bleibt rechts liegen!).

Die wenigen Drahtseile überm Höllental und die gesicherten Felsplatten überm Eibsee sind relativ kurz, bieten aber abwechslungsreiche Stellen, die Trittsicherheit und Schwindelfreiheit erfordern.

Höchste Höhe: Riffelscharte, 2161 m.

Schwierigkeit: Mäßig schwierig, einige ausgesetzte Stellen. Als Ausweichtour für größere Vorhaben im Wetterstein geeignet.

Zeitdauer: Tagestour.

Jahreszeit: Juni bis Oktober.

Ausrüstung: Klettersteigausrüstung.

Ausgangsort: Hammersbach bei Garmisch-Partenkirchen, 753 m.

Verkehrsverbindungen: Fahrstraße von Garmisch-Partenkirchen, Abzweigung von der Westausfahrt (Bundesstraße nach Ehrwald).

Stützpunkte: Höllentalhütte (Höllentalangerhütte), 1381 m.

Wegverlauf: Hammersbach Höllentalhütte. Von der Hütte in den Talhintergrund. Weiter nach rechts ansteigend gegen die Felsen zur Wegteilung Zugspitze—Riffelscharte. Auf dem rechten Weg weiter und den besten Möglichkeiten folgend durch die breite Ostflanke unter der Riffelscharte.

Einstieg: Höllental-(Ost-)anstieg: Die schwierigsten Abschnitte der felsigen, im unteren Teil latschenbestandenen Osthänge sind seilversichert. West-, Eibseeseite (Abstieg): Die Versicherungen beginnen an der Nordseite des Riffeltorkopfes.

Höhenunterschiede/Gehzeiten: Hammersbach bis Höllentalhütte: 630 m, 2 Std. Hütte—Riffelscharte: 780 m, 2—2 ½ Std. Riffelscharte—Station Riffelriß (B.Z.B.): 470 m, 1 Stunde.

Abstieg: Von der Scharte über Klettersteig ins Geröllkar der Riffelriß. Am Fuß der Felsen über Geröll links abwärts zu einem begrünten Kegel, wo ein Steig zur Station Riffelriß der Bayrischen Zugspitzbahn führt.

Endpunkt: Hammersbach. Rückkehr vom Abstiegsweg mit B. Zugspitzbahn oder zu Fuß über den unteren Nordsteig.

Tip: Kann ebenso gut in umgekehrter Richtung durchgeführt werden. Geeignet auch für Anfänger und Familientouren.

Spätherbst unter der Riffelscharte.

31 Partenkirchener Dreitorspitze

Hermann-von-Barth-Weg — Kurzer Klettersteig hoch über Tälern und Karen

Wo der Wettersteinkamm aus seiner westöstlichen Richtung nach Norden umbiegt, erhebt sich das wilde und zerschartete Massiv der Dreitorspitzen. Die dreigipfelige Partenkirchener Dreitorspitze, lange Zeit im Rufe der Unersteiglichkeit stehend, ist heute trotz des langen und mühsamen Zustieges eine empfehlenswerte und beliebte Bergtour.

Am Anfang Achtung auf den Wegverlauf, der Marikerung folgen.

Der relativ kurze, aber interessante Felsaufbau ist teilweise versichert und ergibt in Verbindung mit dem Zustieg von der Meilerhütte eine anspruchsvolle Klettersteigetour hoch oben über Tälern und Karen. Plötzlich dann ein schwüler Luftschwall zwischen den eisigen Windstößen im Herbst. Wie zur Verfremdung.

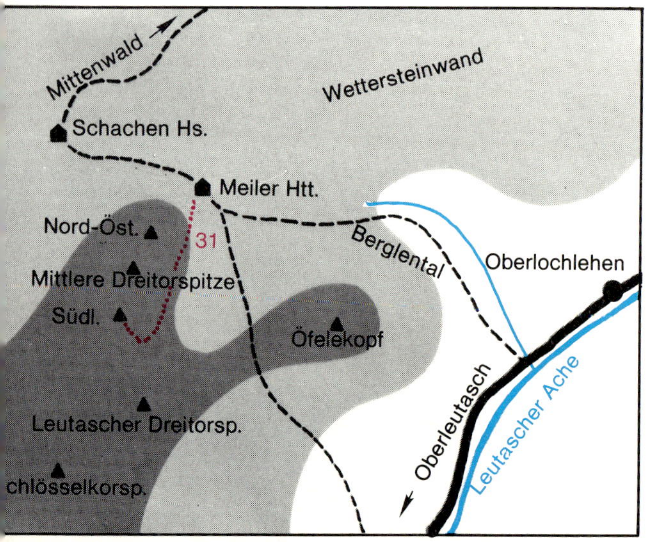

Höchste Höhe: Partenkirchener Dreitorspitze, Westgipfel, 2633 m.

Schwierigkeit: Schwindelfreiheit und Trittsicherheit erforderlich. Bei wetterbedingter Sichtbehinderung eventuell Orientierungsschwierigkeiten auf dem Leutascher Platt.

Zeitdauer: Lange Tagestour — besser 2-Tage-Tour mit Übernachtung auf der Meilerhütte (am günstigsten).

Jahreszeit: Juli bis Oktober.

Ausrüstung: Klettersteigausrüstung.

Ausgangsort: Oberlochlehen im Leutaschtal, 1100 m. Andere Ausgangsorte sind Garmisch-Partenkirchen oder Klais (Hüttenaufstiege länger).

Verkehrsverbindungen: Das Leutaschtal erreicht man auf der Fahrstraße von Seefeld oder Mittenwald.

Stützpunkte: Meilerhütte, 2380 m. Evtl. Schachenhaus, 1866 m (bei Anstieg von Norden).

Wegverlauf: Vom Ausgangsort durch das Berglental zur Meilerhütte (am Anfang Achtung auf den Wegverlauf, viele Wegkreuzungen, roter Markierung folgen). Hermann-von-Barth-Weg heißt der Weg von der Meilerhütte zum Westgipfel: Von der Hütte fallend zum Fuß des Bayerländerturms, dessen unterste Platten an Drahtseilen gequert werden. Weiter fallend zum Leutascher Platt, wo der Weg wieder ansteigt. Über Schutt auf den Felssporn in der Fallinie zur Leutascher Dreitorspitze und in der Ostflanke zum Gipfel.

Einstieg: Beim schwach ausgeprägten Felssporn unterm Mittelgipfel (großer Block mit Farbmarkierung). Einige Versicherungen schon vorher bei der Querung des Bayerländerturm-Fußes.

Höhenunterschiede/Gehzeiten: Ausgangsort—Meilerhütte (Berglental): 1300 m, 4—5 Std. Hütte—Gipfel: 250 m, 1 1/2 Std.

Abstieg: Wie Aufstieg.

Endpunkt: Wie Ausgangsort.

Tip: Vom Westgipfel aus sind im Massiv der P. Dreitorspitze einige reizvolle Freikletterführen möglich (Übergang zur Leutascher Dreitorspitze bzw. zum Mittel- und Nordostgipfel, II-III +); nur für selbständige und sehr erfahrene Geher.

Die Dreitorspitze in unmittelbarer Nähe der Meilerhütte.

Karwendelgebirge/Tirol

32 Mittenwalder Höhenweg

Der große neue Weg im Karwendel

Der Mittenwalder Höhenweg wurde in den Jahren 1972 und 1973 mit großem technischen Aufwand von drei Mittenwalder Bergführern erbaut. Er ist zur Zeit eine der modernsten Anlagen dieser Art in den Nördlichen Kalkalpen. Ursprünglich Gelände des II. und III. Schwierigkeitsgrades, war die Route für Wanderer zu schwierig, für Sportkletterer uninteressant. Durch die Anlage des Klettersteiges hat der über 5 km lange Kamm eine absolute Aufwertung erfahren, was nicht zuletzt durch die ständig steigenden Begehungszahlen bestätigt wird. Ohne für das Gespenst der modernen und allgegenwärtigen „Motivierungen" eine Lanze brechen zu wollen, ist diese Initiative ein gutes Beispiel dafür, wie man zweitrangige Berggebiete (vor allem wenn verkehrsgünstig gelegen) ohne weithin sichtbare und verunstaltende Maßnahmen attraktiver und einer breiten Gruppe von Naturfreunden zugänglich machen kann. Eine verantwortbare Anregung zur Bewegung.

Höchste Höhe: Westliche Karwendelspitze, 2385 m.

Schwierigkeit: Sehr gut versichert, keine Orientierungsschwierigkeiten.

Zeitdauer: Tagestour.

Jahreszeit: Juli bis Oktober.

Ausrüstung: Klettersteigausrüstung. Keine Sportschuhe und dergl., da Leitern und Felsen meist erdig und speckig.

Ausgangsort: Mittenwald, Talstation Karwendelbahn, 933 m.

Verkehrsverbindungen: Mittenwald erreicht man von Süden her über die Bundesstraße von Innsbruck (Zirler Berg), von Norden über die Bundesstraße von Garmisch-Partenkirchen.

Stützpunkte: Bergstation Karwendelbahn, 2244 Meter; Tiroler Hütte, 2100 m; Brunnsteinhütte, 1530 m.

Wegverlauf: Entlang dem Grat des Hauptkammes mit kleinen Abweichungen in die östliche und westliche Flanke. Von Norden nach Süden werden vier nennenswerte Gipfel überschritten, und zwar Nördliche und Südliche Linderspitze, Sulzliklammspitze und Kirchlspitze; den Abschluß des Höhenweges (nicht des eigentlichen Klettersteiges, dessen Versicherungen enden bald nach der Kirchlspitze) bildet die Brunnsteinspitze.

Einstieg: Am Kamm oberhalb der Bergstation. Der Höhenweg schließt am Anfang den Besuch der Westlichen Karwendelspitze ein ($^1/_2$ Std.).

Höhenunterschiede/Gehzeiten: Bergstation—Höhenweg—Brunnsteinspitze: ↑ ↓ → Beträchtlicher Gesamt-Höhenunterschied durch ständiges Auf und Ab, 3—4 Std. Brunnsteinspitze—Talstation: ↓ → 1250 m, 2 $^1/_2$—3 Std.

Abstieg: Vom Brunnsteinanger über die Brunnsteinhütte bis kurz vor die Talsohle (Brunnstein-Steig), von da über Leitersteig (Waldweg) oder durch das Hoffeld (Wiesenweg) zurück zur Talstation.

Endpunkt: Mittenwald, Talstation Karwendelbahn, 933 m.

Tip: Meist überlaufen!

Blick vom Mittenwalder Höhenweg zu den Stubaier und Ötztaler Alpen.

33 Birkkarspitze

Auf den höchsten Gipfel des Karwendelgebirges

Die Birkkarspitze hat auf den letzten Metern zum Gipfel eine kurze Klettersteiganlage. Dieser Abschnitt des Westgrates steht in keinem Verhältnis zur Mühe und Zeit, die es braucht, um den Einstieg zu erreichen. Die Beweggründe, diesen Klettersteig zu begehen, sind die vielen kleinen Dinge, die eine Bergtour erst zum Gesamterlebnis werden lassen. Man kann sie vielfach nicht benennen, nicht auseinanderpflücken zur Rezeptur des garantierten Erlebnisses. Die Aussicht eines Gipfels ist mathematisch zu erfassen, die Besonderheiten eines Aufstiegs tabellarisch, die meisten Berg- und Wanderbücher werden zu Leistungsspiegeln wie die Prospekte einer Filmkamera. Das ist nicht schlecht, es muß vielleicht so sein. Ich meine nur, wie wenig man trotz allem ausdrücken kann vom Gehalt einer erlebten Tour.

Für mich war es anders, vielleicht weil Föhn war im Karwendel, oder November, ich weiß es nicht. Ich weiß nur, daß auch die Birkkarspitze einem Klettersteiggeher etwas geben kann.

Höchste Höhe: Birkkarspitze, 2749 m.

Schwierigkeit: Technisch unschwierig, objektiv gefährlich, sehr lang.

Zeitdauer: 2 Tage mit Übernachtung im Karwendelhaus.

Jahreszeit: Juli bis Ende September.

Ausrüstung: Klettersteigausrüstung nicht unbedingt erforderlich, evtl. kurzes Seil.

Ausgangsort: Scharnitz: Zur Karwendelhütte durch das Karwendeltal (für Kfz. gesperrt, zu Fuß sehr lang, dreimal wöchentlich Jeepverbindung oder mit Leihfahrrad). Hinterriß: Zur Hütte durch das Johannestal (Forststr. für Kfz. gesperrt).

Verkehrsverbindungen: Scharnitz liegt an der Bundesstraße Inntal (Zirl)—Mittenwald; Hinterriß erreicht man über Vorderriß vom Sylvenstein—Stausee (Anfahrt über Bad-Tölz oder Achensee) oder von Wallgau (Anfahrt über Walchensee oder Mittenwald bzw. Garmisch).

Stützpunkte: Karwendelhaus, 1765 m, Birkkarhütte (kleine, offene Holz-Unterstandshütte unbew.) am Schlauchkarsattel, 2635 m.

Wegverlauf: Vom Karwendelhaus zuerst steil (versichert), dann flacher durch Latschenhänge in den großen Kessel unter dem Schlauchkar. Ab zirka 2450 m langer Rechtsschwung des Weges (zunehmend südwestlich) zum Schlauchkarsattel. Der Klettersteig führt von der Scharte unter dem Westgrat über diesen auf den Gipfel der Birkkarspitze.

Einstieg: Am Schlauchkarsattel, 2635 m, in der Scharte unter dem Birkkar-Westgrat.

Höhenunterschiede/Gehzeiten: Scharnitz bis Karwendelhaus (zu Fuß): → ↑ 800 m, 4 ½ Std. Hinterriß—K.-Haus (zu Fuß): → ↑ 830 m, 4 Std. K.-Haus—Gipfel: ↑ 1000 m, 3 Std. Gipfel—Ausgangspunkt (alles zu Fuß): ↓ → wenig kürzer.

Abstieg: wie Aufstieg.

Endpunkt: Scharnitz, 963 m, oder Hinterriß, 931 m.

Tip: Ebenfalls geeignet ist der „Brendlsteig", der den ganzen Kessel (nach Westen) ausquert und auf den Westausläufer der Ödkarspitzen ansteigt (steil). Weiter als Überschreitung der Ödkarspitzen zum Schlauchkarsattel.

Die Birkkarspitze, der höchste Gipfel des Karwendels.

Karwendelgebirge/Tirol

34 Lamsentunnel, Lamsenspitze und
35 Hochnißlspitze
36 «Klettersteig total» im Karwendel

Die Tour auf Lamsenspitze und Hochnißl ist das „reichste Klettersteigeprogramm", das als zusammenhängende Bergfahrt unternommen werden kann. So könnte man kurz und treffend diese Anstiege beschreiben. Das Ganze wird geprägt von einer gewaltigen landschaftlichen Szenerie, die durch drei voneinander ganz unterschiedliche Klettersteige erschlossen wird. Die Einteilung dabei klappt optimal, die größten Schwierigkeiten ergeben sich am Anfang. Wer diesen ersten Test besteht, schafft auch den übrigen Teil der Tour. Die objektiven Gefahren als wesentlicher Faktor bei langen Klettersteigen sind eher gering, einige Stellen (wie die Turnerrinne an der Lamsenspitze) wurden in neuerer Zeit entschärft oder können umgangen werden.

Erfahrung und Selbständigkeit bei der Länge der Tour von Vorteil, Schwindelfreiheit Voraussetzung.

Alles in allem eine große Tour, die mich durch ihre Universalität und Logik beeindruckt hat.

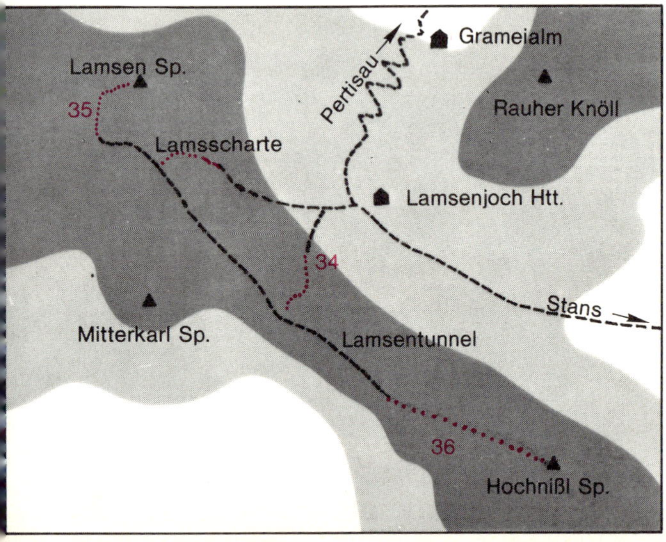

Höchste Höhe: Lamsenspitze, 2501 m. Hochnißlspitze, 2546 m.

Schwierigkeit: Mehrere steile, ausgesetzte Passagen. Dazwischen gute Steig- und Weganlagen.

Zeitdauer: Besser 1 $^1/_2$ Tage mit Übernachtung auf der Lamsenjochhütte.

Jahreszeit: Juli bis Oktober.

Ausrüstung: Klettersteigausrüstung.

Ausgangsort: Pertisau am Achensee, 933 m. Mautstraße durch das Falzturntal zur Grameialm, 1265 m.

Verkehrsverbindungen: Von Norden erreichbar über die Deutsche Alpenstraße von Tegernsee (oder Bad Tölz), von Süden über die Achenseestraße aus dem Inntal (Ausfahrt Inntalautobahn Achensee-Zillertal).

Stützpunkt: Lamsenjochhütte, 1953 m.

Wegverlauf: Hochnißl- und Lamsenspitze sind durch einen langen Grat verbunden. Diese Grathöhe (zwischen beiden Gipfeln) erreicht der Lamsentunnel (Teilung des Weges). Weiter je nach Wahl auf einen der beiden Gipfel, dann zurück zur Verzweigung und Anstieg auf den anderen.

Einstieg: L a m s e n t u n n e l : Über den Schuttreißen unter der breiten Felsbarriere südlich der Hütte (links vom markanten Lamsen-Hüttenturm). T u r n e r r i n n e : Über der nordwestlichen Karmulde des Lamsenkars (Südflanke Lamsenspitze) zwei Rinnen. Seilsicherungen rechts der östlichen (Turnerrinne) an den Felsen. H o c h n i ß l : Aufstiegsweg in Teilstükken versichert.

Höhenunterschiede/Gehzeiten: Grameialm bis Lamsenjochhütte: ↑ 690 m, 2 Std. Hütte bis Ausstieg Lamsentunnel: ↑ 270 m, $^3/_4$ Std. Ausstieg Tunnel—Lamsenspitze: ↑ 280 m, 1 Std. Ausstieg Tunnel—Hochnißlspitze: ↑ → 330 m, 3 Std.

Abstieg: Von den Gipfeln bis Tunnel wie Aufstieg. Dieser kann umgangen werden durch die westlich im Kamm gelegene Lamsscharte (weniger steil, versichert).

Endpunkt: Grameialm, 1265 m.

Tip: Bei der Umgehung des einzigartigen Lamsentunnels über die Lamsscharte vermindert sich der Schwierigkeitsgrad der Tour beträchtlich.

An der Südseite der Lamsenspitze kann man noch klettern, auch wenn die Zentralalpen schon verschneit sind.

37 Großer Bettelwurf

Der Eisengattergrat über dem Inntal

Eine der gewaltigsten Felsgestalten des Karwendels ist das Paar der Bettelwürfe über Hall in Tirol. Der Eisengattergrat ist ein langer, gut ausgebauter Klettersteig, der den leichtesten Anstieg zum Gipfel darstellt. Dieser Weg ist durch die ausgeprägte Sonnenlage meist schon früh oder noch spät im Jahr begehbar, obwohl er auf die dritthöchste Erhebung des Gebirges führt.

Wenn einmal die Bettelwurfhütte geschlossen ist, deren Licht in mondlosen Nächten so hoch steht, daß man vom Tal aus einen Stern zu sehen glaubt, ändert sich das Leben in den weiten Latschenhängen.

Dann sammeln sich die Karwendelgemsen in großen Rudeln auf den Südhängen und schauen jeden Wanderer, der sich zu dieser Zeit noch in ihr Revier verirrt, mit Augen an, als hätten sie Menschen schon vergessen. Die bekannte Fernsicht ist am klarsten, wenn im Frühjahr die Monate des warmen Windes anbrechen, die im Inntal das erste Grün bringen und über dem Wald milde Nachmittage in großer Stille.

Höchste Höhe: Großer Bettelwurf, 2725 m.

Schwierigkeit: Der Klettersteig führt über durchwegs steiles, doch nie senkrechtes Gelände. Schwindelfreiheit ist erforderlich. Der Steig und die darunterliegenden Hänge sind steinschlaggefährdet, besonders durch vorauskletternde Gruppen (und Gemsen).

Zeitdauer: Tagestour.

Jahreszeit: Juni bis Oktober. In guten Jahren auch länger.

Ausrüstung: Klettersteigausrüstung.

Ausgangsort: Hall im Tirol, 574 m. Auffahrt über Mautstraße ins Halltal bis 1100 m ca. (kleiner Parkplatz, Beginn des Aufstiegsweges zur Bettelwurfhütte, Hinweisschild).

Verkehrsverbindungen: Hall in Tirol erreicht man am besten über die Inntalautobahn (Ausfahrt).

Stützpunkte: Bettelwurfhütte, 2077 m.

Wegverlauf: Halltal — Bettelwurfhütte. Von der Hütte ostwärts in einen Graben. Aus diesem heraus und in Serpentinen auf die grasigen Schrofenhänge unter dem „Eisengattergrat". Über diesen (vom Gr. Bettelwurf südseitig herunterziehende breite Felsrippe) verläuft der Klettersteig zum Gipfel.

Einstieg: In der Südflanke am Beginn der steilen Schrofen (2440 m ca.).

Höhenunterschiede/Gehzeiten: Parkplatz Halltal—Bettelwurfhütte: ↑ 980 m, 2 1/2—3 Std. Bettelwurfhütte—Gipfel: ↑ 650 m, 1 1/2 bis 2 Std. Gipfel—Parkplatz: ↓ 3 Std.

Abstieg: Wie Aufstieg.

Endpunkt: Hall in Tirol (Parkplatz Halltal).

Tip: Landschaftlich schöner und wenig länger (+ 1 Std.) ist der Aufstieg zur Hütte über das Lafatscher Joch: Auffahrt über Mautstraße bis zum Schlagbaum unter den Herrenhäusern (1335 m). Vorbei an diesen über Issjöchl (1660 m) zum Lafatscher Joch (2085 m) und weiter auf gleicher Höhe in den Südhängen der Speckkarspitze zur Bettelwurfhütte.

Der Bettelwurf über Hall in Tirol.

Karwendelgebirge/Tirol

38 Felix-Kuen-Weg

Ein kurzer Klettersteig über Hall in Tirol

Dort wo die Halltalkette des Karwendels im Osten zum Taleinschnitt des „Vomper Loches" absinkt, wirft sie noch einmal einen lustigen Zacken auf, den Hundskopf. Schon von weitem sieht man ihm seine Eigenschaft als gute Aussichtswarte an, die einen umfassenden Rundblick auf das Inntal und die weißen Spitzen der Zentralalpen erlaubt. Die leichte Zugänglichkeit dieses vielbesuchten Berges wurde mit der Anlegung des „Felix-Kuen-Weges" noch aufgewertet; Familienväter mit ihrem Nachwuchs, Drachenflieger und Sportkletterer treffen sich auf seinem Gipfel, und einmal im Jahr leuchten dort oben ganze Gruppen von Sonnwendfeuern. Dieser alte, ehrwürdige Brauch drängt alle Jahre zahlreiche Tiroler Burschen zum „Zündeln" hoch über das Inntal.

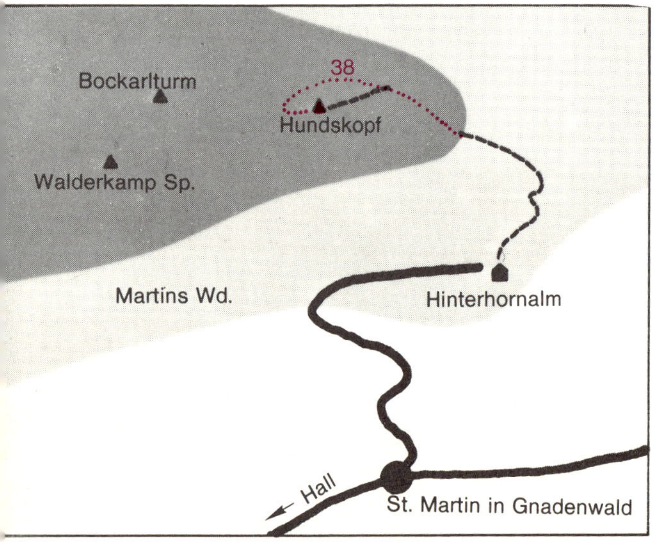

Höchste Höhe: Hundskopf, 2242 m.

Schwierigkeit: Der Klettersteig ist kurz und unschwierig.

Zeitdauer: Halbtagestour. Bei Aufstieg aus dem Tal Tagestour.

Jahreszeit: Das ganze schneefreie Jahr.

Ausrüstung: Klettersteigausrüstung.

Ausgangsort: Gnadenwald bei Hall, St. Martin i. Gnadenwald, 891 m. Wer im Besitz eines Kfz. ist, sollte über die aussichtsreiche „Gnadenwalder Höhenstraße" (gebührenpflichtig) weiterfahren zum Gasthaus Hinterhornalm, 1520 m, man erspart sich dabei 600 Höhenmeter eintönigen Aufstiegs.

Verkehrsverbindungen: Inntalautobahn, Ausfahrt Hall in Tirol oder Staatsstraße Innsbruck-Hall. Von Hall Staatsstraße nach Gnadenwald.

Stützpunkte: Keine.

Wegverlauf: Von der Hinterhornalm zuerst durch Wald und Latschen auf den begrünten Rücken östlich des Gipfels, genannt Walder Zunterkopf, 2008 m, dann über Schrofen zu einer Wegteilung, ca. 2100 m. Abzweigung des Weges in die Nordflanke und als Klettersteig weiter auf den Westgrat und Gipfel.
Farbmarkierungen, Steigspuren und Versicherungen sind auf der ganzen Tour ausreichend.

Einstieg: An der Nordseite des Berges auf ca. 2150 m Höhe.

Höhenunterschiede/Gehzeiten: Gnadenwald—Hinterhornalm: ↑ 600 m, 1 ½ Std. Hinterhornalm—Einstieg: ↑ 630 m, 1 ½ Std. Einstieg—Gipfel: ↑ 90 m, 20 Min. Abstieg zur Hinterhornalm: ↓ 1 ¼ Std.

Abstieg: Über den Normalweg (Ostgrat) bis zur Abzweigung des Klettersteigzuganges, von da ab wie Aufstieg.

Endpunkt: Hinterhornalm bzw. Gnadenwald.

Tip: Geeignet als Saison- oder Gebietseingehtour, lohnend auch zu kälterer Jahreszeit. keine Kombinationsmöglichkeiten.

Blick vom Hundskopf gegen das Unterinntal.

Karwendelgebirge/Tirol

39 Julius-Pock-Weg

Über das «Dach» der Olympiastadt

Der nach dem Erstbegeher des Berges benannte „Julius-Pock-Weg" ist eine leichte, übersichtliche Steiganlage. Der Aufstieg vermittelt ungefähr das, was man im gesamten Karwendelgebirge auf Klettersteigen erleben kann; die geologische Beschaffenheit des Massivs bietet selten senkrechte oder besonders luftige Stellen, dafür ist die Brüchigkeit dieser Sedimentgesteine ein besonderer Unsicherheitsfaktor. An schönen Tagen kann man vom Gipfel außer dem weiten Panorama mit Olperer und Zuckerhütl noch ein interessantes Schauspiel beobachten, von Thermik und warmen Aufwinden der Nordketten-Südhänge getragen, treiben Alpendohlen und Bussarde ihr Spiel, Segelflugzeuge nutzen diese Erscheinungen, und ab und zu sieht man, wenn man Glück hat, einen Adler, der, aus dem Hinterland des Karwendels kommend, einen Moment über die Nordkette streicht.

Hinweis:

An Wochenenden und Feiertagen ist dieses Gebiet nicht selten überlaufen.

Höchste Höhe: Vordere Brandjochspitze, 2558 m.

Schwierigkeit: Mäßig schwierig, bei Nässe oder Schneeresten nicht ungefährlich. Trittsicherheit und Schwindelfreiheit empfehlenswert.

Zeitdauer: 5—6 Stunden.

Jahreszeit: Juni bis Oktober.

Ausrüstung: Klettersteigausrüstung.

Ausgangsort: Innsbruck, 577 m; Talstation Hungerburgbahn bzw. Hungerburg (Straße), Talstation der Nordkettenbahn. Mit der Nordkettenbahn zum Berghotel Seegrube, 1906 m.

Verkehrsverbindungen: Inntal- oder Brennerautobahn, sowie deren parallele Staatsstraßen.

Stützpunkte: Keine.

Wegverlauf: Von der Seegrube in westlicher Richtung unter die Südhänge des Kemacher (Schmidhuberweg). Nach ca. 1 Kilometer leicht ansteigende Abzweigung nach rechts zum Frau-Hitt-Sattel, 2234 m (Schmidhuber-Steig). Vom Sattel über den Ostgrat auf die Vordere Brandjochspitze. Markierung: Farbflecke, Drahtseile.

Einstieg: Am Ostgrat am Ende der Vegetationsdecke.

Höhenunterschiede/Gehzeiten: Seegrube bis Frau-Hitt-Sattel: → ↑ 340 m, 1 ½ Std. Frau-Hitt-Sattel—Gipfel: ↑ 320 m, 1 bis 1 ½ Std. Für den Rückweg ½—1 Std. weniger.

Abstieg: Wie Aufstieg. Wer etwas mehr Fußmarsch wünscht, kann vom Frau-Hitt-Sattel über die Höttinger- und Umbrüggler Alm (Nißlsteig) zur Hungerburg zurückkehren.

Endpunkt: Hungerburg bzw. Innsbruck.

Tip: Am Frau-Hitt-Sattel beginnt der sogenannte „Gipfelstürmerweg" („Nordwandweg") zum Solsteinhaus, ein idealer Ost-West-Verbindungsweg für denjenigen, der mehrere Tage zur Verfügung hat. Die zwei kurzen Klettersteigeinlagen rechtfertigen es leider nicht, diesen als landschaftlich großartig bekannten Höhenweg als eigene Klettersteiganlage vorzustellen. Gehzeit Frau-Hitt-Sattel—Solsteinhaus: 3—4 Std., umgekehrt länger.

Die Nordkette hoch über Innsbruck.

Stubaier Alpen/Tirol

40 Gsallerweg

Drahtseilsicherungen in den Kalkkögeln

In den Kalkkögeln, den dolomitähnlichen Türmen und Nadeln in den Stubaier Alpen, erwirbt sich nahezu jeder gute Nordtiroler Kletterer jenes Gefühl für den Kalk, das den eleganten und sicheren Felsgeher auszeichnet. In den Kalkkögeln mit den vielen Scharten und Winkeln findet aber auch der Wanderer eine geheimnisvolle Welt voller Reize und Naturschönheiten.

Der einzige Gipfel, der auf relativ leichtem, teilweise versichertem Weg zugänglich ist, die Marchreisenspitze, steht mit ihrer imposanten Nordwand unmittelbar über der Axamer Lizum. Der verwegen angelegte „Gsallerweg" durch die zerschartete Nordgruppe ist ein Nahblick, 2000 Meter überm Inntal.

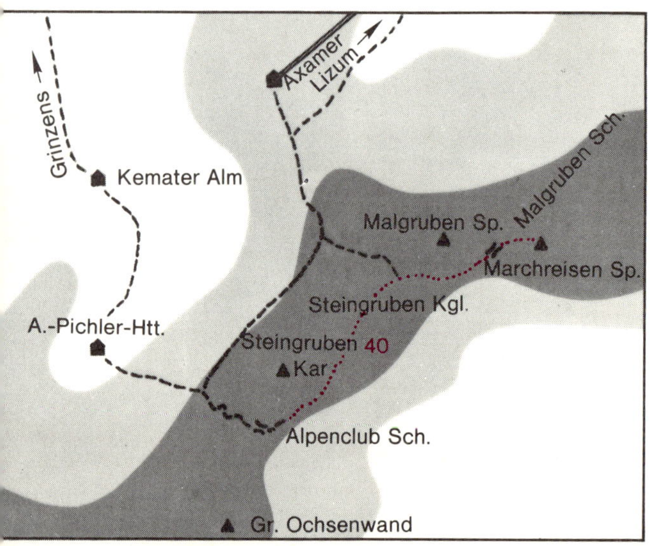

Höchste Höhe: 2623 m.

Schwierigkeit: Leichter Anstieg mit einigen Seilsicherungen.

Zeitdauer: Tagestour.

Jahreszeit: Von Juni bis September begehbar.

Ausrüstung: Normale Klettersteigeausrüstung genügt.

Ausgangsort: Grinzens am Beginn des Senderstals.

Verkehrsverbindungen: Von Innsbruck (Bus) über die Axamer Olympiastraße zu erreichen.

Stützpunkte: Adolf-Pichler-Hütte (1960 m). 2 1/2—3 Std. von Grinzens.

Wegverlauf: Von der Adolf-Pichler-Hütte in die Alpenklubscharte und unter der Gipfelzone der Kalkkögel-Nordgruppe Richtung Marchreisenspitze. Einige Schotterreißen müssen gequert werden bis man ins Steingrubenkar gelangt. Über „Kirchl", „Malgrube" bis zur Malgrubenscharte und weiter über eine Geröllrinne und ein Band Richtung Gipfel.

Einstieg: Der eigentliche „Gsallerweg" beginnt etwa 100 m nordöstlich der Scharte zwischen Kleiner Ochsenwand und Schlicker Nadeln.

Höhenunterschiede/Gehzeiten: Adolf-Pichler-Hütte—Marchreisenspitze, 650 m, 3 Std.

Abstieg: Wie Aufstieg; oder direkt zur Lizum.

Endpunkt: Grinzens.

Tip: Mit dem direkten Abstieg zur Lizum (Scharte vor der Lizumer Spitze) ergibt die Tour eine großzügige Überschreitung. Auch auf die nahe Serles, die Kalkpyramide überm Wipptal, führt ein teilweise gesicherter Weg. Allerdings ist dieser häufig überlaufen.

Frühling in den Kalkkögeln. Die „Dolomiten" Nordtirols sind noch verhältnismäßig unberührt, das Klima dort härter als im Süden des Brenners.

Rofangebirge (Sonnwendgebirge)/Tirol

41 Sagzahn

Ein Klettersteig für alle

Es war schon spät im Jahr, als ich das erste Mal das Sonnwendgebirge kennenlernte. Vielleicht war das der Grund dafür, daß mir das ganze Gebirge in eine jener eigenartigen Stimmungen getaucht schien, die nur wenige Tage im Jahr bestehen und dann wieder schnell verblassen. Die Hänge und Matten, die man, von Westen kommend, bis zum Sagzahn hin durchwandert, standen vergilbt im flachen Herbstlicht, und aus den Senken, wo der Moder mit dem Frost kämpfte, stieg jener Gestank von alten Socken, der die kalte Jahreszeit im Hochgebirge einleitet.
Die Felsen am Gipfel waren lauwarm. Ich las einige Brocken auf und warf sie hinter mir in den Abgrund, wo sie in unzählige weiße Fetzen zerspritzten. Steine leben nur, wenn man sie anrührt, sie spüren nichts vom Lauf der Zeit.
Am Abend, als ich mit der letzten Gondel ins Tal fuhr, sah ich einige Gemsen zur Äsung aus dem Wald kommen. Die Erde hatte keine Kraft mehr, bald würde Allerheiligen sein, die letzte Tour, der erste Schnee, ein langer Winter.

Höchste Höhe: Sagzahn, 2239 m.

Schwierigkeit: Kurzer, gut versicherter, aber steiler Klettersteig. Mit Sicherung auch für Anfänger geeignet.

Zeitdauer: Tagestour.

Jahreszeit: Juni bis Oktober.

Ausrüstung: Klettersteigausrüstung.

Ausgangsort: Maurach am Achensee, Talstation Rofanseilbahn, 858 m.

Verkehrsverbindungen: Maurach ist erreichbar über die Bundesstraße aus dem Inntal (Autobahnausfahrt Achensee/Zillertal bei Wiesing) oder von Norden über Achenseestraße von Bad Tölz bzw. Tegernsee.
Die Gebirgsgruppe des Rofan wird von mehreren Seiten aus durch Seilbahnen erschlossen. Obwohl auch die Tiefblicke in die Einschnitte der umliegenden Täler nicht reizlos sind, rate ich, wenigstens einen Teil der Höhendifferenz mit den Aufstiegshilfen zu bewältigen. Man hat dann mehr Zeit für Höhenwanderungen unter den lustigen Zacken des Sonnwendgebirges.

Stützpunkte: Erfurter Hütte, 1834 m.

Wegverlauf: Von der Erfurter Hütte über Mauritz Hochalm und Gruberlacke zum Schafsteigsattel und weiter zum Einstieg. Der Klettersteig führt durch die Nordwestflanke des Gipfelaufbaus.

Einstieg: Am Fuß des Gipfelfelsens.

Höhenunterschiede/Gehzeiten: Bergstation Rofanseilbahn—Einstieg: ↑ 350 m, 1 1/2 bis 2 Stunden. Einstieg—Gipfel: ↑ 50 m, 10 Min. Gipfel—Bergstation: ↓ 1 1/2 Std.

Abstieg: Wie Aufstieg oder über Schafsteigsattel und Marchgatterl bzw. Vd. Sonnwendjoch und Bayreuther Hütte zur Sonnwendjoch-Bergbahn. Endpunkt ist dann Kramsach im Inntal.

Endpunkt: Maurach am Achensee.

Tip: Die unter Abstiege genannten Varianten sind auch als Aufstiege geeignet. Dieser Klettersteig empfiehlt sich vor allem als Frühjahrs- und Herbsttour.

Unter dem Gipfel des Sagzahn im Rofan.

Zillertaler Alpen/Tirol

42 Schönbichler Horn

Am Berg der Granaten und Strahlsteine

Das Schönbichler Horn liegt als Übergang und Gipfel zwischen den meistbesuchten Hütten der Zillertaler Alpen. Diese standen zur Zeit ihrer Erbauung (Berliner Hütte, 1879) knapp am Fuß der großen Gletscherströme, die nordseitig teilweise bis zur Waldgrenze hinunterreichten.

Das ist heute nicht mehr so. Zurückgeblieben sind talbreite Wannen aus Erde und Geschiebe wie Bodenschilde riesiger Urtierpanzer.

Der Aufstieg aus dem Zemmgrund zum Schönbichler Horn führt im unteren Teil über die Seitenmoräne des Waxeggkeeses, das in besonderem Ausmaß dem Gletscherrückgang unterworfen war (in knapp über zwanzig Jahren um 350 Höhen- d.s. ca. 1000 Längenmeter). Seit kurzem ist jetzt wieder ein kleiner Vorstoß der Eismassen zu beobachten, was mit einigen schlechten und kühlen Sommern zu erklären ist. Das betrifft auch Klettersteiggeher auf solchen Touren über 3000 Meter. Ein Wettersturz in dieser Höhe erfordert ausgewählte Ausrüstung.

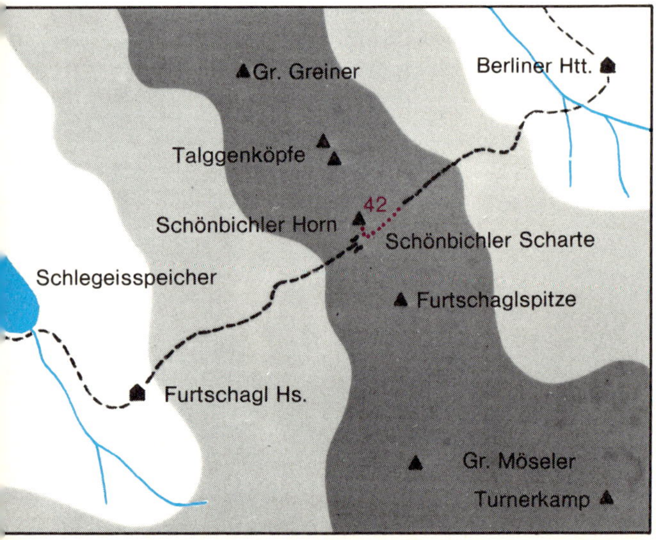

Höchste Höhe: Schönbichler Horn, 3133 m.

Schwierigkeit: Hochalpine, lange und anstrengende Tour. Der ca. 150—200 m lange Klettersteig zum Gipfel erfordert etwas Schwindelfreiheit und wegen des brüchigen, erdigen Gesteins vermehrte Rücksicht auf nachkommende Seilschaften.

Zeitdauer: 1 ½—2 Tage.

Jahreszeit: Juli bis September.

Ausrüstung: Klettersteigausrüstung.

Ausgangsort: Breitlahner, 1257 m, im Zemmtal.

Verkehrsverbindungen: Fahrstraße von Mayrhofen im Zillertal.

Stützpunkte: Berliner Hütte, 2040 m. Furtschaglhaus, 2295 m.

Wegverlauf: Von der Berliner Hütte in südwestlicher Richtung über Hornkees-Bach und Waxegg-Bach zur orographisch linken Seitenmoräne des Waxeggkeeses. Über diese und das anschließende Garberkar zum Schönbichler Grat und Einstieg.

Einstieg: Am Fuß der Ostflanke des Schönbichler Horns am oberen Ende des Schönbichler Grates (früher „Eisgrat").

Höhenunterschiede/Gehzeiten: Breitlahner bis Berliner Hütte: ↑ 780 m, 3 Std. Berliner Hütte—Gipfel: ↑ 1100 m, 3—4 Std. Diese Teilstücke im Abstieg jeweils ⅓ kürzer. Gipfel—Furtschaglhaus: ↓ 840 m, 1 ½ Stunden. Furtschaglhaus—Breitlahner: ↓ 1040 m, 3—4 Std.

Abstieg: Wie Aufstieg oder als Überschreitung zum Furtschaglhaus (unschwierig, erster Teil ab Schönbichler Scharte versichert).

Endpunkt: Breitlahner, 1257 m. Bei Abstieg über Furtschaglhaus Fahrstraße ab Schlegeisspeicher.

Tip: Diese Tour ist der erste (von Osten) Abschnitt des „Berliner Höhenweges", der von der Berliner- zur Gamshütte durch den westlichen Teil der Zillertaler Alpen führt (Gesamtlänge ca. 50 km).

Nicht immer scheint die Sonne. Schlechte Verhältnisse am Schönbichler Horn.

Berlinerhütte

43 Olperer
44 Zwei entschärfte Wege auf den Hauptgipfel des Tuxer Kammes

Der Olperer, einer der berühmtesten und meistbesuchten Gipfel der Zillertaler Alpen, ist ein Kletter- und Aussichtsberg ersten Ranges. Wohl deshalb wurden zwei Anstiege, der Nordgrat und der Südostgrat, teilweise mit Eisenstiften entschärft und einer breiteren Schicht von Bergsteigern zugänglich gemacht. Über all diese Steighilfen hinweg sollte man aber nicht vergessen, daß der Olperer ein hoher Berg ist, eine Felsschneide, die steil aus den Gletscherfeldern emporragt und immer eine ernsthafte Bergtour bleibt, die neben Trittsicherheit ein großes Maß an Bergerfahrung und Ausdauer verlangt. Die Sicherungen sollen keinen Ungeübten dazu verleiten, den Olperer so mitzunehmen. Auch wer sich an einem solchen „Klettersteig" einem Bergführer anvertraut, ist kein Feigling, er schätzt meist nur die Gefahren richtig ein.

Höchste Höhe: 3476 m.

Schwierigkeit: II, glatt, nur wenig Steighilfen.

Zeitdauer: Besser eineinhalb Tage.

Jahreszeit: Nur in den Hochsommermonaten gut begehbar.

Ausrüstung: Hochgebirgsausrüstung, Pickel, Steigeisen, Steinschlaghelm, Seil.

Ausgangsort: Zillertal, am besten von Hintertux zu erreichen.

Verkehrsverbindungen: Über Jenbach—Mayrhofen (PKW, Zillertaler Bahn, Bus).

Stützpunkte: Spannagl-Haus; auch Geraer-Hütte, Olperer-Hütte.

Wegverlauf: Vom Spannagl-Haus auf die Wildlahnerscharte und zuerst westlich des Grates über Eis oder Firn aufwärts. An der besten Stelle über die Randkluft und an den plattigen Grat (Stifte). Über diesen und Blockwerk zum Gipfel. Beim Abstieg über den Südostgrat („Schneegupf-Grat") zuerst dem Grat und den Sicherungen folgend, dann über den Firn bis zum unteren Rand des Schneegupfes und am besten gerade hinab Richtung Riepenkees. Über steile Felsen und Firn erreicht man den Riepensattel und von hier das Spannagl-Haus.

Einstieg: Am plattigen Felsgrat oberhalb der Randkluft.

Höhenunterschiede/Gehzeiten: Spannagl-Haus—Gipfel ca. 1000 m, 3 ½—4 Std., Abstieg ca. 4 Std.

Abstieg: Über den Südostgrat.

Endpunkt: Spannagl-Haus, Hintertux.

Tip: Die Überschreitung kann nur von guten Alpinisten ausgeführt werden. Ich betone: Beide Wege, besonders der SO-Grat, sind hochalpine Touren. Zudem wird erwogen, die Steighilfen wieder abzubauen, da sonst allzuviele Ungeübte zum Aufstieg verleitet werden.

Ausblick knapp unterm Olperergipfel.

45 Schwarzenstein

Über den «Kamin» zur Schwarzensteinhütte

Daß die objektiven Gefahren am Berg das eigentlich Unberechenbare sind, muß jeder Bergsteiger früher oder später erfahren. Diese Erkenntnis eröffnete sich mir schon bei meinen ersten alpinistischen Gehversuchen, die ich durchwegs in der engeren Umgebung meines Heimatortes unternahm und die bis heute meine große Liebe zum Urgestein geprägt haben. Beim Aufstieg zur Schwarzensteinhütte über die Trippachschneide (fälschlich als „Kamin" eingebürgert) wäre ich fast erschlagen worden — von einer Weinflasche. Welche Umstände meinen vorauskletternden Freund damals veranlaßt hatten, Ballast abzuwerfen, konnte ich bis heute nicht ergründen, die Tatsache allerdings, daß auch auf Klettersteigen alles (Un) Gute von oben kommt, hat mich in der Folge vorsichtig gemacht.
Dieser Klettersteig am letzten Abschnitt des Hüttenaufstiegs ist in den letzten Jahren wieder stärker in Mode gekommen, der Normalweg und sichere Zustieg führt über das Gletscherfeld unterhalb der Hütte.

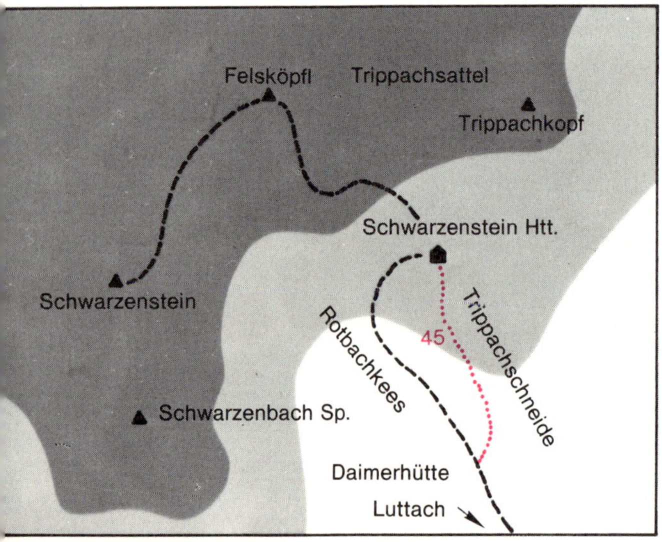

Höchste Höhe: Schwarzensteinhütte, 2923 m. Evtl. Schwarzenstein, 3368 m.

Schwierigkeit: Bereits der Zustieg zum Klettersteig ist lang und anstrengend. Die Steiganlage selbst erfordert Trittsicherheit und absolute Schwindelfreiheit.

Zeitdauer: Tagestour, mit Gipfelbesteigung 1 ½ Tage.

Jahreszeit: Juli bis September.

Ausrüstung: Klettersteigausrüstung, im Frühsommer evtl. Pickel.

Ausgangsort: Luttach im Ahrntal, 962 m. Bei eigenem PKW evtl. Rotbachalm, 1416 m, am Brunnberg.

Verkehrsverbindungen: Tauferer - Ahrntal-Staatsstraße von Bruneck. Abzweigung eines Güterfahrweges zur Rotbachalm von der Straße nach Weißenbach (ca. 2 km von Luttach).

Stützpunkte: Schwarzensteinhütte, 2923 m. Daimerhütte (bew. Alm), 1862 m.

Wegverlauf: Von Luttach (Hotel Post) über die Höfe des Brunnberges zur Rotbachalm. Von dieser in das Rotbachtal hinein und, vorbei an der Daimerhütte, in Serpentinen über Geröllhalden und Stirnmoränen langwierig zum Einstieg.

Einstieg: An der östlichen Begrenzung des Moränenkessels des Rotbachkeeses am Fuße der Trippachschneide (rot-weiße, runde Farbmarkierungen an den Felsen).

Höhenunterschiede/Gehzeiten: Luttach—Rotbachalm: ↑ 450 m, 1 ¼ Std. Rotbachalm —Einstieg: ↑ 1300 m, 3—4 Std. Einstieg —Schwarzensteinhütte: ↑ 200 m, 40 Min.

Abstieg: Nur bei guten Verhältnissen über Klettersteig. Empfehlenswert, vor allem bei weichem Schnee, der Normalweg über die Firnflanke westlich der Hütte hinunter ins Kar des Rotbachkeeses (kein Steinschlag, 35—40° Hangneigung). Ab Kar wie Aufstieg.

Endpunkt: Luttach, 962 m, bzw. Rotbachalm, 1416 m.

Tip: Der Aufstieg von der Hütte zum Gipfel des Schwarzensteins ist eine lohnende Gletscherfahrt, umfassende Fernsicht. Für die Überschreitung des Firnplateaus vor dem Gipfel ist Anseilen ratsam.

Die Klettersteige im Urgestein sind selten trocken und schneefrei.

Kaisergebirge/Wilder Kaiser/Tirol

46 Scheffauer

Widauer-Weg

Wenn man, von Süden kommend, das Inntal in Richtung Kufstein durchfährt, taucht rechts ein schroffer Felskamm als Ausläufer eines nach Osten sich fortsetzenden Gebirges auf. Der bekannteste Gipfel dieses westlichen Eckpfeilers des Wilden Kaisers ist der Scheffauer, auf den von Norden her ein alter Klettersteig führt. Da die Zustiege von dieser Seite lang sind, benutzen viele Bergsteiger die Seilbahn bis unter die Kaindlhütte.
Man gelangt so ohne Ermüdung zum Beginn des Widauerweges.
Die ersten Eindrücke am Berg sind meistens die stärksten, und wer noch frisch den Einstieg erreicht, erlebt das Herzstück der Tour intensiver und positiver, eine Tatsache, die, auf die Konzentration bezogen, auch zur Sicherheit eines Unternehmens beiträgt.

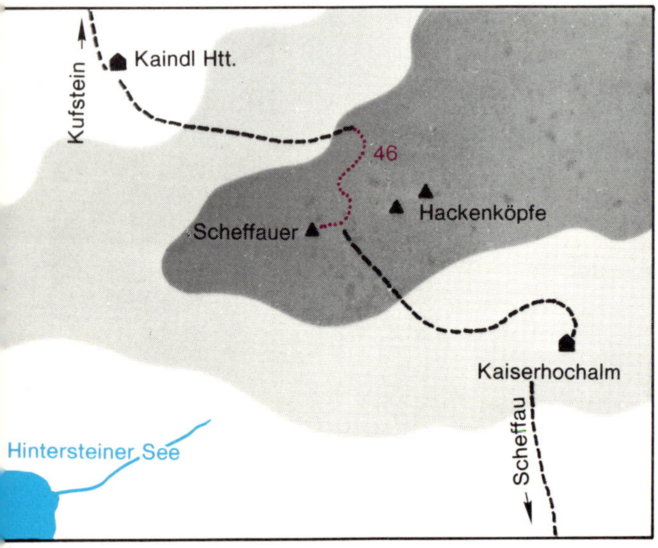

Höchste Höhe: Scheffauer, 2113 m.

Schwierigkeit: Schwindelfreiheit und Trittsicherheit sind erforderlich. Auf Bändern und in Rinnen hält sich oft lange Schnee (Nordhang!). Steinschlaggefahr, besonders, wenn andere Seilschaften voraus sind.

Zeitdauer: Tagestour.

Jahreszeit: Juni bis Oktober.

Ausrüstung: Klettersteigausrüstung.

Ausgangsort: Kufstein, Ortsteil Sparchen, Talstation des Sessellifts Wilder Kaiser, 484 m.

Verkehrsverbindungen: Bundesstraße von Wörgl bzw. St. Johann in Tirol.

Stützpunkt: Kaindlhütte, 1318 m.

Wegverlauf: Von der Hütte in östlicher Richtung durch Wald zum Kar „Großer Friedhof", ab hier mehr links haltend über Latschen und Geröll zum Einstieg. Durch eine Rinne auf einen Wandvorbau und von diesem über ein Band (nach rechts) in eine Schlucht, die zum Sattel zwischen Scheffauer und Hackenköpfen hinaufleitet. Von diesem westwärts zum Gipfel.

Einstieg: Am Beginn der Felsen über einer kleinen Schutthalde (1700 m ca.).

Höhenunterschiede/Gehzeiten: Oberste Station Sessellift—Kaindlhütte: ↑ 20 Min. Kaindlhütte—Scheffauer: ↑ 800 m, 2 1/2—3 Std. Scheffauer—Sessellift: ↓ 2 Std.

Abstieg: Wie Aufstieg oder als Rundwanderung über die Südseite (teilw. versichert) zur Steiner-Hochalm—Hinterberger Alm—Bärnstatt—Walleralm—Kaindlhütte (lohnend, aber lang, 4—5 Std.).

Endpunkt: Kufstein, Talstation Wilder-Kaiser-Lift.

Tip: Nach schneereichen Wintern erst ab Juli, (Nordseite!). Mit Eispickel kann dieser Steig auch in den Monaten Mai-Juni oft schon gemacht werden.

Der Scheffauer im Wilden Kaiser.

Kaisergebirge/Wilder Kaiser/Tirol

47 48 Ellmauer Halt

Auf zwei schneidigen Steigen dem Felsklotz aufs Haupt

„Man vermeide es ...', die Ellmauer Halt an Feiertagen auf den gewöhnlichen Wegen zu ersteigen." So der Kommentar in einem bekannten Alpenvereinsführer zum höchsten Gipfel des Kaisergebirges. Diese Warnung bezieht sich auf die hohe Besteigungsfrequenz. Die Attraktivität des Gipfels ist offensichtlich: als gruppenhöchste Erhebung eine prächtige Aussicht, die Gruttenhütte als weit bekannter, günstiger Stützpunkt und vielleicht auch die eigenartige Gartenzwergidylle, die den Gipfel umspinnt. Eine große goldglänzende Kugel am Gipfelblock (sie gehörte zum alten Kreuz), das hohe Kreuz und ein kleines Holzhäuschen sind die Gipfelrequisiten, die — obwohl sie nicht überall Schule machen sollten — für viele den Berg unvergeßlich machen und zum Wiederkommen anregen.

Höchste Höhe: Ellmauer Halt, 2344 m.

Schwierigkeit: Mittelschwere Tour, stark steinschlaggefährdet, vor allem die „Gamsänger". Schwindelfreiheit und Trittsicherheit (das heißt auch: kein Geröll abtreten!) sind erforderlich.

Zeitdauer: Tagestour.

Jahreszeit: Juli bis Anfang Oktober.

Ausrüstung: Klettersteigausrüstung.

Ausgangsort: Wochenbrunner Alm, 1087 m. Bis hierher Mautstraße von Ellmau.

Verkehrsverbindungen: Bundesstraße von Wörgl bzw. Kufstein (jeweils Autobahnausfahrt) und St. Johann in Tirol.

Stützpunkt: Gruttenhütte, 1620 m.

Wegverlauf: Wochenbrunner Alm—Gruttenhütte (breiter Weg). Von der Hütte ins Kar Hochgrubach unter den Südabstürzen des Kopftörlgrats. Durch die Gamsänger (Klettersteig, leicht steigende Querung nach links) zur gelben „Jägerwand". Von dort steiler auf einen Grat (nach links) und über diesen zur Achselrinne (Klettersteig) und weiter zum Gipfel.

Einstieg: Gamsänger-Steig: Am oberen Rand einer Schutthalde (Abfahrspuren!) überm Kar Hochgrubach. Achselrinne-Steig: Am Grat, der von der Rote-Rinn-Scharte aufsteigt.

Höhenunterschiede/Gehzeiten: Wochenbrunner Alm—Gruttenhütte: ↑ 530 m, 1—1 ½ Stunden. Gruttenhütte—Ellmauer Halt: ↑ 720 m, 2—3 Std. Ellmauer Halt—Wochenbrunner Alm: 3 Std.

Abstieg: Wie Aufstieg.

Endpunkt: Wochenbrunner Alm, 1087 m.

Tip: Der früher beliebte Abstieg nach Hinterbärenbad (nach Nordwesten, Abzweigung bei der Jägerwand) ist derzeit ungangbar. Die Achselrinne kann rechts an plattigen Felsen umgangen werden (neue Fixseile, luftig, aber sicherer als die meist nasse Rinne).

Ein treuer Kamerad ist immer dabei. Oberhalb des „Gamsängersteigs".

49 Kopftörl

Der Steig ohne Gipfel

Ich habe diesen kurzen Klettersteig durch Zufall entdeckt. Ein Freund hatte mich gebeten, ihn ins Freiklettern einzuführen, und so beschloß ich, mit ihm den Kopftörlgrat zu machen, eine geeignete Tour der unteren Schwierigkeitsgrade in den Nördlichen Kalkalpen. Der Weg zum Einstieg, der am Kopftörl beginnt, war dann ein vielen unbekannter, wenn auch leichter Klettersteig, eine sorgfältig versicherte Anlage mit einem netten Höhepunkt zum Abschluß. Kurz vor Erreichen der Grathöhe führt der Weg durch einen Felsspalt, der von einer hohen abgesprengten Platte gebildet wird (Kaindl-Steward-Turm). Dieser Steig ist der ungefährlichste aller von der Gruttenhütte aus erreichbaren Klettersteige und die ideale Einführungstour für ängstliche Frauen, Freundinnen und Sprößlinge, und vielleicht auch — Herren der Schöpfung.

Höchste Höhe: Kopftörl, 2058 m.

Schwierigkeit: Kurze, leichte Eingehtour in reizvoller Umgebung. Trittsicherheit empfehlenswert. Objektive Gefahren gering.

Zeitdauer: Leichte Tagestour.

Jahreszeit: Juni bis Oktober.

Ausrüstung: Klettersteigausrüstung.

Ausgangsort: Ellmau, 812 m. Pkw-Auffahrt bis zur Wochenbrunner Alm möglich (Mautstraße).

Verkehrsverbindungen: Bundesstraße von Wörgl (Ausfahrt-Inntalautobahn) oder St. Johann in Tirol.

Stützpunkte: Wochenbrunner Alm, 1087 m, Gruttenhütte, 1620 m.

Wegverlauf: Von der Gruttenhütte auf gut bez. Weg in nördlicher Richtung zur Einsattelung zwischen Kopftörlgrat und Karlspitzen. Im Kar unter den „Köpfeln" zahlreiche Steigspuren, die aber alle zum Einstieg führen.

Einstieg: Bei den ersten Felsen über der Schutthalde.

Höhenunterschiede/Gehzeiten: Wochenbrunner Alm—Gruttenhütte: ↑ 530 m, 1 ½ Std. Gruttenhütte—Kopftörl: ↑ 440 m, 1—1 ½ Std. Kopftörl—Wochenbrunner Alm: ↓ 970 m, 2 Std.

Abstieg: Wie Aufstieg oder als Überschreitung zum Stripsenjoch bzw. Hinterbärenbad (unschwierig, im Frühsommer allerdings steile Schneerinnen beim Abstieg zum Hohen Winkel; evtl. Pickel).

Endpunkt: Ellmau, 812 m.

Tip: Klettersteige-Rundwanderung: Kopftörl—Überschreitung zum Stripsenjoch, über Steinerne Rinne (Eggersteig) auf das Ellmauer Tor und über Jubiläumssteig zurück zur Gruttenhütte (evtl. mit Übernachtung auf der Stripsenjochhütte).

Lieblich ist das Panorama an der Südseite des Wilden Kaisers. Das Kopftörl ist eine unscheinbare Grateinsenkung links der Bildmitte

Kaisergebirge/Wilder Kaiser/Tirol

50 51 Eggersteig, Steinerne Rinne und Jubiläumssteig

Paradetour im Kaiser

Der Eggersteig und Jubiläumssteig gehören zu den bekanntesten und ältesten Klettersteigen der Ostalpen. Die Steinerne Rinne nördlich des Ellmauer Tores war in der Zeit vor ihrer Versicherung eine nicht ungefährliche Kletterei und für viele, die eine Überschreitung heute problemlos bewältigen, wäre sie im Urzustand außer dem Bereich ihrer Möglichkeiten gewesen. In einer Zeit, in der Mitteleuropa und speziell die Voralpenländer immer stärker zersiedelt und verbaut werden, gewinnen die Alpen als Erholungsraum immer mehr an Bedeutung. Insofern hat eine vorsichtige Erschließung vor allem verkehrsgünstig gelegener Berggebiete wie z. B. die des Kaisers zunehmende Berechtigung. Nur das mögliche Erlebnis darf nicht von vorneherein verbaut werden und das Unbekannte in den Führern nicht zerredet. Was überall gleich bleiben sollte, ist die Freude an dieser Art von Bergtrip und der Mut (den braucht es manchmal), auch auf Wegen wie dem Eggersteig seinen Steinschlaghelm aufzusetzen.

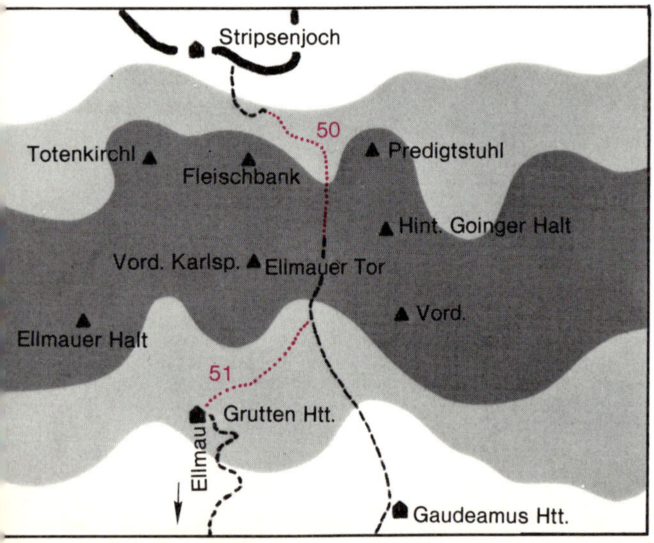

Höchste Höhe: Ellmauer Tor, 1995 m, evtl. Hintere Goinger Halt, 2192 m.

Schwierigkeit: Beide Steiganlagen sind gut versichert und ohne große Schwierigkeiten zu machen. Erhöhte Vorsicht ist im Frühsommer (wenn Seile unter Schnee) am Eggersteig sowie bei starkem „Gegenverkehr" am langen Jubiläumssteig geboten.

Zeitdauer: Tagestour.

Jahreszeit: Juli bis Oktober.

Ausrüstung: Klettersteigausrüstung.

Ausgangsort: Griesneralm, 1006 m.

Verkehrsverbindungen: Bundesstraße von St. Johann oder Kössen in Tirol nach Griesenau, 727 m. Von Griesenau Mautstraße zur Griesneralm.

Stützpunkte: Stripsenjochhütte, 1580 m. Gruttenhütte, 1620 m.

Wegverlauf: Die Steinerne Rinne durchquert das Herz des Wilden Kaisers von N nach S, der Jubiläumssteig verläuft auf dessen Südseite als Höhenweg in leichtem Auf und Ab zur Gruttenhütte.

Einstieg: Eggersteig: Beim Wildanger im Kaiserbachtal (ca. 1400 m, 20 Minuten unter dem Stripsenjoch). Jubiläumssteig: Im Kübelkar am Südabhang des Ellmauer Tores (ca. 1650 m, 20 Min. vom Ellmauer Tor).

Höhenunterschiede/Gehzeiten: Griesneralm—Eggersteig: ↑ 400 m, 1 Std. Eggersteig—Ellmauer Tor: ↑ 600 m, 2 Std. Ellmauer Tor—Jubiläumssteig—Gruttenhütte: ↓ → 380 m, 1—1 ½ Std. Gruttenhütte—Wochenbrunner Alm: ↓ 530 m, 1 Std.

Abstieg: Von der Gruttenhütte zur Wochenbrunner Alm (ab hier Fahrstraße), oder weiter nach Ellmau.

Endpunkt: Wochenbrunner Alm, 1087 m bzw. Ellmau, 812 m.

Tip: An Wochenenden und Feiertagen herrscht auf beiden Klettersteigen Massenandrang. Die Tour kann ebenso gut auch in umgekehrter Richtung durchgeführt werden (allerdings mehr Sonne beim Aufstieg). Die Gruttenhütte ist auch Stützpunkt für die Tour zur Ellmauer Halt.

Die bauchigen Wände der Fleischbank scheinen auf das Ellmauer Tor zu stürzen.

Kaisergebirge/Wilder Kaiser/Tirol

52 Ackerlspitze

Ein luftiger Klettersteig im Ostkaiser

Die Ackerlspitze bildet, zusammen mit der Maukspitze, den östlichen Eckpfeiler des Wilden Kaisers.
Sie liegen nicht direkt am großen Strom der Bergsteiger, der sich jedes Jahr mit Beginn der warmen Jahreszeit über Stripsenjoch und Ellmauer Tor wälzt. Die Anstiege der Südseite haben zwar nicht die gewaltige Szenerie der Nordabstürze, sind dafür aber sonniger, freundlicher und gut überschaubar. Da das Kettengebirge des Kaisers, durch weite Täler und Mulden von anderen Gebirgszügen getrennt, deutlich isoliert ist, bietet es eine ausgezeichnete An- und Fernsicht. Der Ausblick von der Ackerlspitze in alle Richtungen der Windrose, besonders nach Süden zum flimmernden Band der Hohen Tauern und Zillertaler Alpen ist ein bleibendes Erlebnis. Eine tiefe Empfindung.

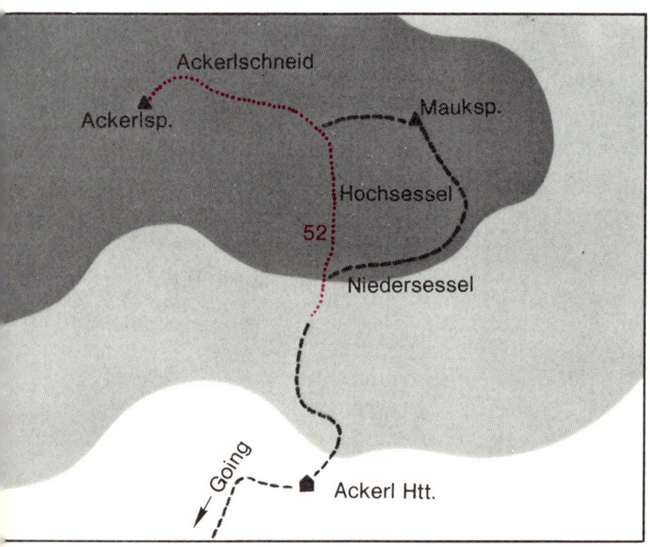

Höchste Höhe: Ackerlspitze, 2330 m.

Schwierigkeit: Kurzer, rassiger, aber sehr steinschlaggefährdeter Klettersteig. Nicht unterschätzt sollten die grasigen Hänge unterhalb der Ackerlschneid werden, vor allem bei Nässe und Neuschnee.

Zeitdauer: Tagestour.

Jahreszeit: Juli bis Oktober.

Ausrüstung: Klettersteigausrüstung.

Ausgangsort: Prama (Gasthof Stangl) bei Going, 731 m.

Verkehrsverbindungen: Bundesstraße von Wörgl oder St. Johann in Tirol.

Stützpunkte: Ackerlhütte (unbew.), 1445 m.

Wegverlauf: Von der Ackerlhütte zuerst nördlich durch Latschen, dann östlich über einen grasigen Felsrücken (teilweise versichert) zum Niedersesselkar. Auf dem Klettersteig über eine steile Wandstufe und durch eine Rinne in das Kar „Hochsessel". Weiter in Serpentinen zur Ackerlschneid und über diese zum Gipfel.

Einstieg: Am Wandgürtel über dem „Niedersessel", wo der Altschnee eines Lawinenkegels am weitesten hinaufreicht.

Höhenunterschiede/Gehzeiten: Going—Ackerlhütte: ↑ 710 m, 2 Std. Ackerlhütte bis Ackerlspitze: ↑ 880 m, 2 1/2 Std. Ackerlspitze—Going: ↓ 2 1/2—3 Std.

Abstieg: Wie Aufstieg.

Endpunkt: Gasthof Stangl an der Hauptstraße, 731 m.

Tip: Der Übergang von der Ackerlspitze zur Maukspitze (östlichster Eckpfeiler des Wilden Kaisers) ist unschwierig und interessant (Felstor); 1 Std. Der Abstieg von der Maukspitze führt über deren Normalweg zurück zum Niedersesselkar.

Beim morgendlichen Aufstieg zur Ackerlspitze. Im Süden begrenzen Hohe Tauern und Zillertaler Alpen den Horizont.

53 54 55 Großglockner

Oberer Mürztalersteig, Gipfel-Ostanstieg und Stüdlgrat

Vor fast 200 Jahren von „Expeditionen" berannt, ist der Großglockner heute auf Routen aller Schwierigkeitsgrade zugänglich, überlaufen — der „schönste Gipfel der Ostalpen" mit der „wahrscheinlich weitesten Aussicht nach dem Mont Blanc" ist ein Modeberg.
Übrig bleibt nach Abzug tourismuskolorierter Superlative und Kletterstorys ein wirklich großer Berg mit langen Anstiegen und westalpinem Charakter. Schon früh wurden Normalweg sowie Varianten ausgebaut und versichert (Obere Glocknerscharte 1869). Sie sind trotz Steighilfen nach Schwierigkeit und Länge verschieden: Die versicherten Aufstiege (es gibt mehrere) zur Adlersruhe sind leicht, der Gipfelanstieg über den Kleinglockner ist schwierig mit speziellen Anforderungen an Gleichgewicht und Tiefblickvermögen, der Weg über den Stüdlgrat schließlich eine ernste hochalpine Tour mit Übergängen zum freien Klettern (zusammen mit Ortler-Hintergrat die obere Grenze des Begriffs Klettersteig).

Höchste Höhe: Großglockner, 3798 m.

Schwierigkeit: Hochalpine, auch auf dem Normalweg ernste Tour mit ständig wechselnden Verhältnissen. Gletschererfahrung.

Zeitdauer: 1 ½ Tage.

Jahreszeit: Nur Hochsommer.

Ausrüstung: Klettersteigausrüstung, zusätzlich Gletscherausrüstung, Seil.

Ausgangsort: Kals am Großglockner, 1325 m. Zum Lucknerhaus, 1984 m, mehrfach am Tag Jeepverbindung. Kein PKW!

Verkehrsverbindungen: Bundesstraße von Huben, das an der Strecke Felbertauern-Tunnel (Mittersill) - Lienz liegt.

Stützpunkte: Lucknerhütte, 2227 m. Stüdlhütte, 2801 m. Erzherzog-Johann-Hütte, 3454 m, auf der Adlersruhe.

Wegverlauf: Kals—Lucknerhaus—Lucknerhütte. Ab hier für Könner: Luisenscharte über Teischnitz- od. Ködnitzkees)—Stüdlgrat (Klettersteig) Gipfel. Leichter: „Schere" (Übergang Teischnitz-Ködnitzkees am Südende des Luisengrates)—Ködnitzkees —Oberer Mürztalersteig (Klettersteig)— Adlersruhe—Kleinglockner—Obere Glocknerscharte (Klettersteig)—Gipfel .

Einstieg: Oberer Mürztalersteig (Oberster Teil des Blaukopfgrates): Auf dem Felssporn im östlichen Eckpunkt des Ködnitzkeeses. Gipfel-Ost-Anstieg (von der Adlersruhe): am oberen westlichen Rand des Kleinglockner-Firnhangs („Glocknerleitl"). Stüdlgrat (Südwestgrat): in der „Luisenscharte" am Fuß des Grates, 3264 m.

Höhenunterschiede/Gehzeiten: Lucknerhaus —Lucknerhütte: → ↑ 240 m, 1 Stunde. Lucknerhütte—Stüdlhütte: ↑ 570 m, 1 ½ —2 Std. Stüdlhütte-Einstieg—Stüdlgrat: ↑ 460 m, 1 ½ Std. Einstieg—Gipfel: ↑ 530 m, 2 ½ Std. Stüdlhütte—Adlersruhe: 650 m, 2—2 ½ Std. Adlersruhe—Gipfel: ↑ 350 m, 1 ½ Std.

Abstieg: Wie Aufstieg.

Endpunkt: Kals, 1325 m.

Tip: Bei Wetterverhältnissen, die eine Besteigung zulassen, ist die Erzherzog-Johann-Hütte auf der Adlersruhe meist überfüllt. Übernachtung darum besser auf der Stüdlhütte.

Sonnenaufgang am Kleinglockner. Ganz rechts die Erzherzog-Johann-Hütte auf der Adlersruhe.

56 Hoher Tenn

Gleiwitzer Höhenweg: Schönster Steig der Hohen Tauern?

Ich bin viel, lange und gerne allein am Berg. Auch am Hohen Tenn war ich es. Doch manchmal passiert es mir, daß ich mir jemanden wünsche, nicht weil ich Angst hätte oder Langeweile, sondern weil ich es ohne ein anderes Gesicht nicht schaffe, zu sehen, zu hören und zu fühlen, wenn die Eindrücke zu viele und zu stark werden. Dann möchte ich anfangen zu teilen, die vielen kleinen Einzelheiten und Erlebnisminuten einfach aufzuteilen, um keine zu verlieren und keine zu übersehen. Ob es der innere Wunsch ist, jedem Menschen das Schöne mitzuschenken, oder letztlich Egoismus, der Zusammensein durch tieferes Empfinden anstrebt, oder ob es einfach das Medium des Gegenübers braucht, um das Erleben für sich selber realisieren zu können — ich weiß es nicht.
Die Tour war lang. Beim Abstieg mußte ich mich beeilen, vom Dachstein jagten schwarze Wolken gegen Westen. Ich werde wiederkommen, nicht allein, vielleicht mit unserer Clique, ich habe noch nicht alles gesehen.

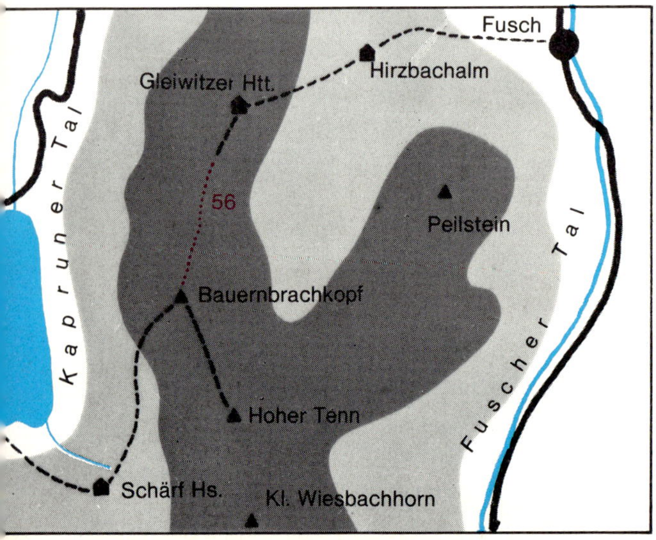

Höchste Höhe: Bauernbrachkopf, 3125 m. Evtl. Hoher Tenn, 3368 m.

Schwierigkeit: Hochalpine, lange Tour, aber bei guten Verhältnissen keine besonderen Schwierigkeiten. Gefährlich unterschätzt wird oft die Traversierung der „Spitzbretter" (grasige Schrofenhänge) vor allem bei Nässe, Seilverankerungen locker.

Zeitdauer: 1 ½ Tage mit Übernachtung auf der Gleiwitzer Hütte.

Jahreszeit: Juli bis Ende September.

Ausrüstung: Klettersteigausrüstung. Für Aufstieg zum Tenn Pickel.

Ausgangsort: Fusch an der Glocknerstraße, 811 m.

Verkehrsverbindungen: Bundesstraße von Bruck a.d. Glocknerstraße, Großglockner-Hochalpenstraße von Heiligenblut.

Stützpunkte: Gleiwitzer Hütte, 2176 m.

Wegverlauf: Von Fusch über die Hirzbachalm zur Gleiwitzer Hütte. Von dort in südlicher Richtung zur Spitzbrettwand, deren Kammhöhe über die untere Jägerscharte erreicht wird. Den Grat entlang, dann auf gleicher Höhe Querung der „Spitzbretter" zur Oberen Jägerscharte. Weiter über Tenn-NW-Grat zum Bauernbrachkopf und eventuell über Hirzbachtörl (absteigen) und Kleinen Tenn (luftige Versicherungsanlage) zum Hohen Tenn.

Einstieg: Unter dem vom Tenn-Nordwestgrat nach Osten herunterziehenden Gratrükken (Spitzbrettwand).

Höhenunterschiede/Gehzeiten: Fusch—Gleiwitzer Hütte: ↑ 1360 m, 3 ½ Std. Gleiwitzer Hütte—Bauernbrachkopf: ↓↑ 950 m, 3 ½ Std. Bauernbachkdpf—Hoher Tenn: ↓↑ 240 m, 1 Std. Gipfel—Fusch: ↓ 5 Std.

Abstieg: Wie Aufstieg. Wer vom Ausgangspunkt unabhängig ist, kann über den „Max-Hirschl-Weg" zum Adolf-Schärf-Haus bei den Kapruner Talsperren absteigen (Abzweigung vom Tenn-NW-Grat auf ca. 3050 m).

Endpunkt: Fusch, 811 m.

Tip: Gleiwitzer Höhenweg heißt der Weg von der Gleiwitzer Hütte zum Bauernbrachkopf; weiterer Anstieg zum Hohen Tenn kaum schwieriger.

Bei klarem Wetter scheint der Hochkönigstock vom Hohen Tenn zum Greifen nah.

57 Kitzsteinhorn

58 Die Überschreitung des Pinzgauer Wahrzeichens

Das Kitzsteinhorn über Zell am See ist untrennbar mit Urlaub, Sommerskilauf und Sonne verbunden, so jedenfalls präsentiert es sich auf den meisten Werbeplakaten. Wenige wissen aber, daß auch zwei versicherte Wege auf den Gipfel des schlanken Horns führen. Es gibt wenige Klettersteig-Einstiege und keinen an einem Dreitausender, die so leicht zu erreichen sind wie der am Nordwestgrat dieses Berges. Dafür sorgt die Seilbahn, die den ganzen, zu Fuß langwierigen und -weiligen Aufstieg erspart. Im Sommer ist der Berg (nicht der Nordgrat) stark besucht, die Aussicht, die der Gondelbenützer ohne Anstrengung erleben kann, ist eine der schönsten in den Hohen Tauern: tolle Ausblicke nach Süden und Westen in die Glockner- und Venedigergruppe, eine Körperdrehung weiter die grünen Täler des Pinzgau.

Die Überschreitung des Gipfels ist nicht schwierig, wenn der bratschige Nordgrat trocken und der Gletscher gut begehbar ist. Der Abstieg vom Grat ist die Schlüsselstelle der Tour, der steile Übergang vom Kammer- zum Schmiedingerkees kann echte Eisarbeit erfordern. Was dabei Steigeisen wert sind, merkt man erst, wenn man sie nicht dabei hat.

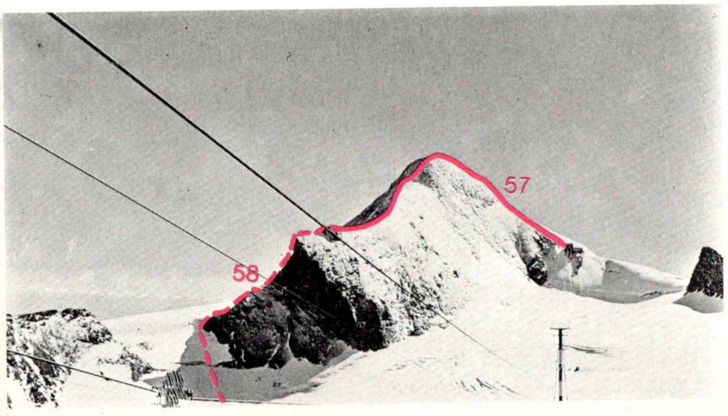

Höchste Höhe: Kitzsteinhorn, 3202 m.

Schwierigkeit: Nordgrat ausreichend (allerdings teilweise beschädigt), Nordwestgrat sehr gut (auf beiden Seiten Geländerseil) versichert. Der Abstieg vom Nordgrat zur Mittelstation verläuft über Gletscher!

Zeitdauer: Tagestour.

Jahreszeit: Juli bis Ende September.

Ausrüstung: Klettersteigausrüstung, dazu Gletscherausrüstung, Seil.

Ausgangsort: Talstation der Kitzsteinhorn-Gletscherbahn im Kapruner Tal, 7 km von Kaprun.

Verkehrsverbindungen: Bundesstraße von Zell am See bzw. Bruck.

Stützpunkte: Krefelder Hütte, 2294 m. Bergstation Kitzsteinhorn-Nordwestgrathöhe, 3029 Meter. Mittelstation bei Krefelder Hütte, 2452 m.

Wegverlauf: Auffahrt mit Gondelbahn zur Bergstation NW-Grat-Höhe. Aufstieg NW-Grat (Klettersteig) zum Gipfel. Gipfel—Einschartung Nordgrat (tiefste Schulter) im unteren Drittel (↓ , Klettersteig). Vom Grat rechts absteigen zum Kammerkees und weiter über Schmiedingerkees zur Seilbahn-Mittelstation oberhalb der Krefelder Hütte.

Einstieg: Nordwestgrat: Hinter dem Bergstation-Gebäude. Nordgrat: Versicherungen vom Gipfel bis zum unteren Drittel des Grats.

Höhenunterschiede/Gehzeiten: Bergstation—Gipfel: ↑ 170 m, 1/2 Std. Gipfel—Nordgrat—Mittelstation bei Krefelder Hütte: ↓ 900 m, 1 1/2—2 Std.

Abstieg: Über den Nordgrat (Klettersteig) bis zur flachen Gratschulter über dem Kammerkees, das man östlich vom Grat absteigend erreicht.

Endpunkt: Talstation Kitzsteinhorn - Gletscherbahn.

Tip: Vormittags Klettersteig, nachmittags Skilaufen — eine neue Kombination.

Viel Eisen steckt am Gipfelgrat des Kitzsteinhorns. Im Hintergrund die überfirnten Flanken des Großvenedigers.

Berchtesgadener Alpen/Berchtesgaden

59 Watzmann

Die Überschreitung des Gipfelkammes

Die Watzmannsage
Im Berchtesgadener Land, vor vielen Tausend Jahren, mußten Mensch und Tier viel Grausamkeit erfahren. Mit seinen sieben Kindern, so kündet uns die Sage, war der König Watzmann für Land und Leut' eine Plage, Gewalt und Tücke und Frevel waren sein Tun und Handeln, darob geriet Gott in Zorn, sein Spruch tat ihn verwandeln mit seiner ganzen Sippe zu Fels und schroffen Graten, als „Watzmann" muß er büßen für seine Missetaten!
Als höchster Berg des Berchtesgadener Landes ist der Watzmann ein reichgegliederter Gebirgsstock mit zahlreichen Gipfeln, Karen und bekannten Wänden. Der Klettersteig auf seiner langen Gipfelschneide, die gleich einem riesigen Saurierrücken über dem Königssee steht, ist eine der markantesten Anlagen dieser Art in den Nördlichen Kalkalpen. Bei guten Verhältnissen eine Genußtour, kann dieser Weg bei Schlechtwettereinbruch zur Falle werden — eine ernste, anspruchsvolle Route auf einen großen Berg.

Höchste Höhe: Watzmann Mittelspitze, 2713 m.

Schwierigkeit: Bei guten Verhältnissen technisch mäßig schwierig, aber sehr lang, ausgesetzt.

Zeitdauer: 1 1/2 Tage mit Übernachtung auf dem Watzmannhaus.

Jahreszeit: Juli bis Anfang Oktober.

Ausrüstung: Klettersteigausrüstung.

Ausgangsorte: Richtpunkt ist Berchtesgaden. Mehrere Aufstiege führen zum Watzmannhaus. Sie beginnen: bei der Haltestelle Wimbachbrücke an der Ramsauer Hauptstraße (einfachster Aufstieg), 624 m. Bei Ilsank, 578 m. Beim Bahnhof Königssee, 602 m und in St. Bartholomä am Königssee, 602 m (nur mit Schiff erreichbar).

Verkehrsverbindungen: Alle Ausgangsorte (Ausnahme St. Bartholomä) sind von Berchtensgaden aus mit Kfz. in wenigen Minuten erreichbar.

Stützpunkte: Watzmannhaus, 1928 m. Wimbachgrieshütte, 1327 m.

Wegverlauf: Die Überschreitung des Watzmanns führt vom Watzmannhaus als Grattour teils auf, teils knapp unter dem Grat in der Westflanke über Hocheck, Mittelspitze und Südspitze.

Einstieg: Die eigentliche Klettersteiganlage beginnt am Hocheck. Erste Versicherungen sind an der „Schulter" beim Aufstieg zum Hocheck.

Höhenunterschiede/Gehzeiten: Ausgangsorte—Watzmannhaus: ↑ 1300 m ca., 3 1/2—4 Std. W.-haus—Überschreitung—Südspitze: ↑ ↓ ↑ Viel Höhenunterschied durch ständiges Auf und Ab, 4 Std. Südspitze—Wimbachgrieshütte: ↓ 1400 m, 3 Std. W.-hütte—Endpunkt: ↓ → 700 m, 2 Std.

Abstieg: Von der Südspitze zunächst ein Stück über deren Südgrat hinab, dann nach rechts in die Südwestflanke. Über Schuttreißen, Schrofen, Latschengelände zur Wimbachgrieshütte und weiter durch das Wimbachtal zum Endpunkt.

Endpunkt: Wimbachbrücke an der Ramsauer Hauptstraße, 624 m.

Tip: Wetter und Verhältnisse entscheidend. Der Steig ist eine Idealtour.

Der Watzmann mit seiner berühmten Ostwand vom Hochkönig aus.

60 Böslsteig

Durch Wald und Latschen auf die Reiteralpe

Die Reiteralpe ist ein karstiges Tafelgebirge, von felsigen Flanken scheinbar unersteigbar umschlossen. An den Rändern der Hochfläche erheben sich zehn Hörner, formschöne Gipfel mit bekannt guter Aussicht. Die Anstiege von Osten auf das Hochplateau führen alle durch steile Felspartien. Deshalb haben die meisten dieser Wege einige kurze Klettersteigpassagen erhalten, ohne jedoch den Charakter einer geschlossenen Versicherungsanlage aufzuweisen. Wie viele Steige im Wiener Raum, sind die mit Holztreppen und Drahtseilen ausgerüsteten Stellen noch im Waldbereich zu finden, eine etwas ungewohnte Umgebung für den Bergsteiger, der Klettersteige nur im exponierten Hochgebirgsfels kennt. Eine solche Route gibt es am Südostgrat des Wagendrischlhorns (vom Böslsteig gut erreichbar). Zusammen mit dem jenseitigen Abstieg über den Klettersteig unter der Mairbergscharte und den Schaflsteig eine ebenfalls interessante Tour, die den Vorteil hat, daß sie ins Aufstiegstal zurückführt.

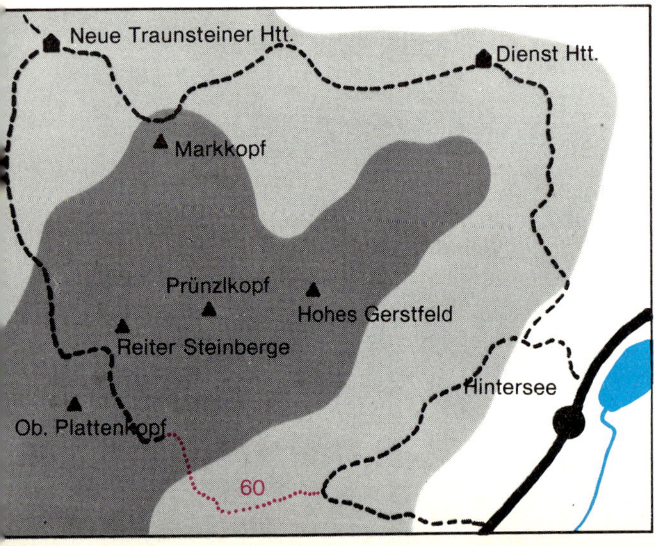

Höchste Höhe: Reiter Steinberg, 2060 m.

Schwierigkeit: Vereinzelt steile versicherte Stellen, gesamt unschwierig. Langatmige Tour.

Zeitdauer: Tagestour. Besser in Kombination mit anderen Touren (Übernachtung).

Jahreszeit: Juni bis Oktober.

Ausrüstung: Bei der Länge der Tour nicht notwendig, eine ganze Klettersteigausrüstung mitzuschleppen (objektive Gefahren gering). Eine Selbstsicherungsschlinge oder ein kurzes Seil sollte aber immer dabei sein.

Ausgangsort: Hintersee, 790 m.

Verkehrsverbindungen: Bundesstraße von Berchtesgaden.

Stützpunkt: Neue Traunsteiner Hütte (Merkenschlager-Haus), 1560 m.

Wegverlauf: Auf der Straße von Hintersee nach Hirschbichl (südlich) 10 Min. weiter, dann rechts ab (Tafel). Durch Wald empor zur „Halsgrube" (Lichtung, Gabelung des Weges). Weiter über den linken Weg (leicht fallend) zum westlichen Rand der Senke (lange, breite, bewachsene Schuttreiße). Schuttreiße, bewaldete Steilstufen und latschenbedeckte Schrofen folgen bis zur Kammhöhe des Reiter Steinberges. Von dort wieder absteigend durch die „Steinberggasse" zur Neuen Traunsteiner Hütte.

Einstieg: Die schwierigsten Stellen in den Steilstufen über der Halsgrube sind versichert.

Höhenunterschiede/Gehzeiten: Hintersee—Reiter Steinberg: ↑ 1270 m, 4 Std. Reiter Steinberg—N. Traunsteiner Hütte: ↓ 500 m, 1 Std.

Abstieg: Wie Aufstieg, oder über einen der anderen teilweise versicherten Steige an der Ostseite der Reiteralpe zurück zum See.

Endpunkt: Wie Ausgangsort.

Tip: Frühzeitiger Aufbruch ratsam, da fast der gesamte Aufstieg in der Vormittagssonne.

An Knittelhorn und Grundübelhörnern (beide rechts) vorbei führt der Klettersteig auf die Hochfläche der Reiteralpe.

61 Doppler-Steig und Mittagsschartensteig

62 Überschreitung des Untersberges

Die Steige auf den Untersberg sind einfache Klettersteige. Der Mittagsschartensteig einer der leichtesten aller in diesem Buch vorgestellten. Er ist in seiner Art ohne Gegenstück und mit den zahlreichen Stollen und Holzleitern abwechslungsreicher als viele andere, die schwieriger und höher hinaufführen. Der Reiz der Tour liegt vor allem in den Eindrücken und Überraschungen, die neben dem Steig liegen und angetroffen werden. Oberhalb der Waldgrenze bietet der an sich niedrige Berg durch seine vorgeschobene Lage einen prächtigen Blick auf die Mozartstadt und weiter ins hügelige Seengebiet. Den Untersberg durchzieht ein Labyrinth von Höhlen. Reste des vorzeitlichen Höhlenbären wurden in einigen Kavernen unterm Geiereck gefunden.
Diese Überschreitung nur wegen der Klettersteige zu machen, wäre verfehlt, die Aufstiege sind dafür zu lang, wer aber Augen auch für andere Dinge mitbringt, erlebt sie als sportlichen i-Punkt einer abwechslungsreichen Bergtour.

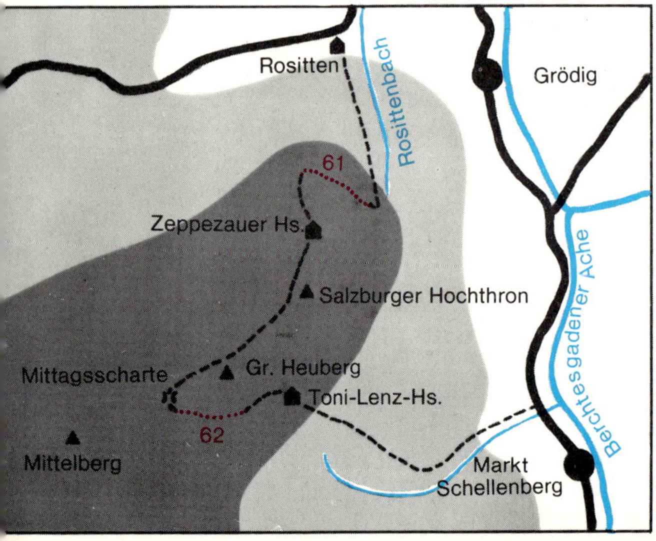

Höchste Höhe: Salzburger Hochthron, 1853 m.

Schwierigkeit: Beide Wege sind so gut versichert, daß sie fast nicht mehr als Klettersteige einzustufen sind.

Zeitdauer: Leichte Tagestour.

Jahreszeit: Juni bis Oktober.

Ausrüstung: Selbstsicherungsschlinge.

Ausgangsort: Gasthaus Rositten, Grödig.

Verkehrsverbindungen: Von der Autobahntrasse A 10 im Süden von Salzburg (Nähe Autobahnkreuz Salzburg-Süd) abzweigen zur Ausfahrt Grödig. Von Grödig nach Glanegg und über einen Waldweg weiter zum Gasthaus Rositten.

Stützpunkte: Zeppezauer-Haus, 1668 m. Geiereck-Gasthaus, 1806 m. Schellenberger-Eishöhlen-Hütte (Toni-Lenz-Hütte), 1551 m.

Wegverlauf: Vom Rositten-Wirtshaus durch das Rosittental, bei der Waldgrenze biegt der Weg in einem Bogen nach rechts unter die Wände des Geierecks. Hier beginnt der Dopplersteig, der über eine steile Felsrampe auf den Nordrücken des Bergmassivs führt (Höhe ca. 150 m). An der Mittagsscharte Beginn des zum Großteil ausgesprengten Klettersteiges zur Schellenberger-Eishöhlen-Hütte (Höhe ca. 150 m).

Einstieg: Bei den „Gamslöchern" am Fuße der Geiereck-Nordabstürze (Dopplersteig). Mittagsscharte (Mittagsscharten-Klettersteig im Abstieg).

Höhenunterschiede/Gehzeiten: Gasthaus Rositten—Zeppezauerhaus: ↑ 1200 m, 3 ½ Std. Zeppezauerhaus—Geiereck—Salzburger Hochthron: ↑ 180 m, 50 Min. Salzburger Hochthron—Mittagsscharte—Schellenberger-Eishöhlen-Hütte: ↓ 300 m, 1 Std. Schellenberger-Eishöhlen-Hütte—Bundesstraße: ↓ 1100 m, 2 Std.

Abstieg: Von der Schellenberger-Eishöhlen-Hütte über die Mitterkaser- (Diensthütte) und Bachkaser-Hütte zum Paßturm Schellenberg etwas nördlich des gleichnamigen Marktes.

Endpunkt: Bundesstraße zwischen Markt Schellenberg und Staatsgrenze.

Tip: Die Tour kann ebensogut in umgekehrter Richtung durchgeführt werden.

Verzauberte Unterwelt der Schellenberger Eishöhle, die am Abstiegsweg vom Mittagsschartensteig liegt.

63 Hoher Göll

64 Mannlgrat und Schustersteig

Der Hohe Göll bietet ein besonderes Klettersteig-Dorado in den Berchtesgadener Alpen. Dabei ist weniger der Berg als Gipfel interessant — der obere Teil des Aufstiegs über die Gölleiten ist ermüdend und phantasielos — als vielmehr das abwechslungsreiche Steigen an Eisenwegen: kein Ausstieg auf den Gipfel, verstecktes Auf und Ab ohne Fortschritt im Sinne eines Höhengewinns und reizvolle Kletterpassagen mit viel Luft unter den Füßen.
Von Norden ein Anstieg mit Klettersteig-Charakter, nach Westen eine elegante Steiganlage von großem Erlebniswert. Klettersteiggehen als Selbstzweck, spielerische Entfaltung im versicherten Gelände — eine Idee, ein Trend?
Vielleicht doch, der Mannlgrat könnte dazu einladen.
Die Tour in umgekehrter Richtung ist anstrengender. Wer vom eigenen Pkw unabhängig ist, kann sich mit der Busverbindung zu und ab Kehlsteinhaus einigen Weg ersparen.

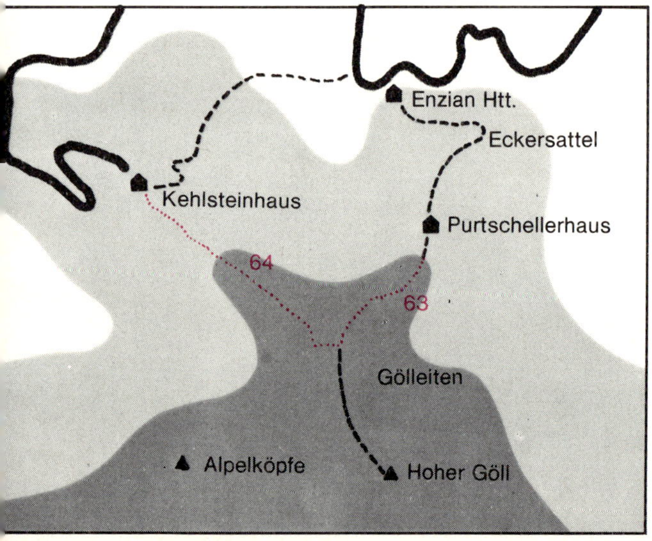

Höchste Höhe: Evtl. Hoher Göll, 2522 m. Beide Klettersteige führen nicht direkt auf den Gipfel.

Schwierigkeit: Der Steig über den Mannlgrat ist sehr lang (über 1 km). Für diesen wie für den Schustersteig sind Schwindelfreiheit und Trittsicherheit Voraussetzung.

Zeitdauer: Tagestour.

Jahreszeit: Juli bis Ende September.

Ausrüstung: Klettersteigausrüstung.

Ausgangsort: An der Roßfeld-Mautstraße bei der Einzianhütte (Bushaltestelle).

Verkehrsverbindungen: Mit Linienbus oder Pkw von Obersalzberg über die preiswerte Roßfeld-Mautstraße zum Ausgangspunkt. Anfahrt von Berchtesgaden.

Stützpunkte: Purtschellerhaus, 1692 m. Kehlsteinhaus, 1834 m.

Wegverlauf: Von der Roßfeldstraße bei der Enzianhütte rechts ab und zum Eckersattel und Purtschellerhaus. Weiter über den Nordrücken des Berges zu einer Gratschulter. In dieser erreicht man die Aufzweigung des Weges in den rechts gelegenen Schustersteig und den weiter links verlaufenden „Kaminweg" (ebenfalls versichert). Über Schustersteig erreicht man die Schulter des Nordgrates und die „Gölleiten". An ihrem Fuße beginnt der Mannlgrat und läuft im Kehlstein aus.

Einstieg: S c h u s t e r s t e i g : In der Ostflanke des Göllstockes auf Höhe 2160 m ca. M a n n l g r a t : Am Fuße der nach Westen abfallenden Gölleiten.

Höhenunterschiede/Gehzeiten: Roßfeldstraße —Purtschellerhaus: ↑ 450 m, 1 ½ Std. Purtschellerhaus—Gipfel: ↑ 800 m, 3 Std. Gipfel—Kehlsteinhaus: ↓ → 700 m, 3 Std. Kehlsteinhaus—Ausgangspunkt: ↓ 600 m, 1 ½ Std.

Abstieg: Vom Kehlsteinhaus absteigen zur Haltestelle der Linienbusse. Von dort über breiten, asphaltierten Gehweg talwärts zur Ofner Alm (Ofnerboden), wo man wieder die Roßfeldstraße erreicht. Über diese 10 Min. aufwärts zum Ausgangspunkt der Tour.

Endpunkt: Wie Ausgangspunkt.

Tip: Lange Tour.

Der Hohe Göll (links) mit seiner plattigen, konkaven Westwand.

65 Schönfeldspitze

Der Eisenweg zum Riemannhaus

Die Schönfeldspitze steht am Südrand des Steinernen Meeres, einer Felswüste, die den Eindruck von zu Stein erstarrten Wogen förmlich aufdrängt. Nach Süden bricht sie mit steilen Wänden und Türmen ab, ein Felsgürtel sperrt scheinbar jeden Zugang. Die Ersteigung von dieser Seite kann man in zwei Abschnitte unterteilen, die verschieden sind in Charakter und Schwierigkeit. Der Aufstieg zum Riemannhaus windet sich durch diesen Abbruch, der von unten fast ungangbar erscheint. Durch Schluchten und Rinnen, in denen an heißen Tagen die Hitze still steht, über Felsrippen, die in der flimmernden Luft spiegeln, führt ein gut versicherter Klettersteig. Ist die Hochfläche erreicht, dann ändert sich das Bild. Latschen und Sträucher sind verschwunden, eine öde Steinwüste bedeckt das wellige Gelände, und vom Watzmann her weht meistens ein frisches Nordlüftchen. Der Aufstieg zur Spitze wird dann bereits zum anspruchsvollen Felsabenteuer mit großartigen Tiefblicken vom spärlich versicherten Grat.

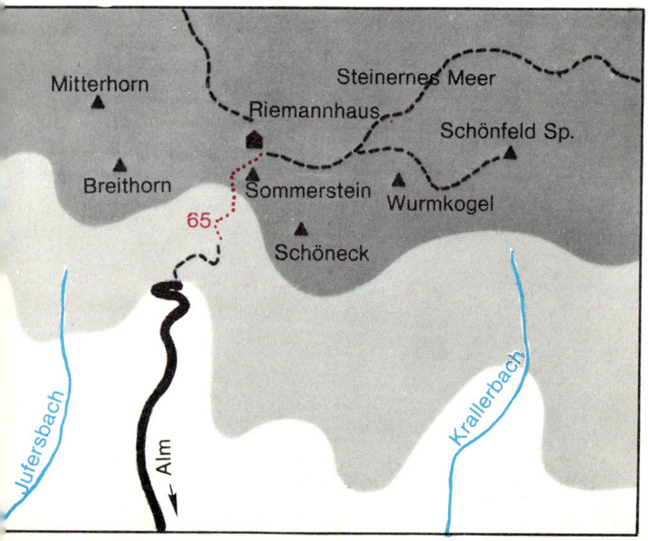

Höchste Höhe: Riemannhaus, 2177 m. Evtl. Schönfeld-Spitze, 2653 m.

Schwierigkeit: Der Steig zum Riemannhaus ist fast immer wegbreit und gut versichert (Geländerseile, Aussprengungen). Einer der leichtesten des besprochenen Gebietes.

Zeitdauer: Bis zum Schutzhaus Halbtages-, bei Gipfelanstieg Tagestour.

Jahreszeit: Juni bis Oktober.

Ausrüstung: Keine spezielle Ausrüstung notwendig. Kinder evtl. an die „Leine" nehmen.

Ausgangsort: Talort Alm, 802 m. Vom Dorf Fahrmöglichkeit auf zuerst asphaltierter, dann schottriger Straße bis zu einem Schlagbaum (Parkplatz, 1300 m Höhe ca.).

Verkehrsverbindungen: Bundesstraße von Saalfelden.

Stützpunkt: Riemannhaus, 2177 m.

Wegverlauf: Vom Schlagbaum noch einige Kehren auf der Fahrstraße weiter bis zum oberen Ende des breiten Schuttkares (Einstieg). Dann kreuz und quer auf dem Steig durch die felsigen Abbrüche unterhalb des Sommersteins zur Hütte. Keine Orientierungsschwierigkeiten.

Einstieg: Am oberen Rand des schottrigen Kessels, wo das Gelände felsig wird (Ende der Fahrstraße).

Höhenunterschiede/Gehzeiten: Schranken—Einstieg: ↑ 45 Min. Einstieg—Riemannhaus: ↑ 1 1/2—2 Std.

Abstieg: Wie Aufstieg.

Endpunkt: Alm, 802 m.

Tip: Der Anstieg vom Riemannhaus zum Gipfel kann, obwohl vielfach als solcher bezeichnet, aufgrund der spärlichen Steighilfen nicht als Klettersteig vorgestellt werden. Die Tour ist abwechslungsreich, luftig, aber schwieriger als der Hüttenanstieg und beansprucht ca. 2—2 1/2 Std. (→ ↑ 470 m).
Obwohl der Aufstieg als leicht gilt, muß der Nichtkletterer mit erdigen Stellen rechnen.

Die geschnitzte Pietà am Gipfel der Schönfeldspitze.

66 67 Hochkönig

Mooshammersteig und Birgkarsteig mit hochalpinem Charakter

Der Hochkönig ist ein vielbesuchter Gipfel am südlichen Rand der Übergossenen Alm und gibt einem ganzen Massiv den Namen. Er erhebt sich als wenig markanter Felsaufbau nur knapp über die vergletscherte Hochfläche, die sich nach Nordwesten zum Steinernen Meer ausbreitet. Auf diesen Plateaugletscher, der sehr stark dem Abschmelzungsprozeß unterliegt, führen mehrere Anstiege. Die Kombination der versicherten Steige mit der Überschreitung der Hochfläche und dem Gipfelanstieg zum Matrashaus ist eine der abwechslungsreichsten und gehaltvollsten Touren, die ein Klettersteiggeher in den Nördlichen Kalkalpen machen kann. Man muß aber berücksichtigen, daß die Tour auf einen Fast-Dreitausender führt, die Wege sehr lang und die Versicherungen nicht immer intakt sind. Die Überquerung des Gletschers ist bei gutem Wetter unschwierig, da er fast spaltenlos ist. Die Teufelslöcher, durch deren rechte Öffnung man die Hochfläche erreicht, sind vom Tal aus zu sehen und geben einen deutlichen Richtpunkt.

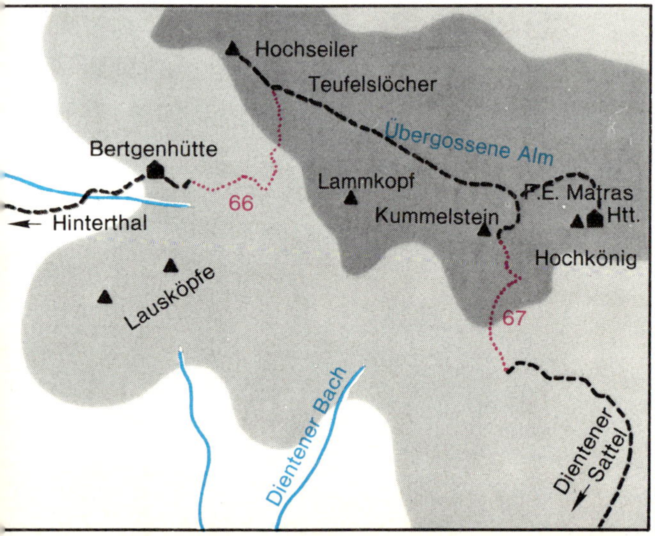

Höchste Höhe: Hochkönig, 2941 m.

Schwierigkeit: Hochalpine, lange, anstrengende Tour. Oft schlechte Verhältnisse. Gute Kondition, Selbständigkeit, Erfahrung sind Voraussetzung.

Zeitdauer: 2 Tage mit Übernachtung auf dem Matras-Haus.

Jahreszeit: Nicht vor Mitte Juli! Dazu August, September.

Ausrüstung: Klettersteigausrüstung, evtl. Seil, Pickel.

Ausgangsort: Hinterthal am Hochkönig.

Verkehrsverbindungen: Bundesstraße von Saalfelden, von Lend oder von Mühlbach.

Stützpunkte: Bertgenhütte, 1843 m (unbew.) Matras-(Hochkönig-)Haus, 2941 m.

Wegverlauf: Vom Fahrweg zur Boschalm (Nordende des Dorfes) zweigt der Fußweg zur Bertgenhütte ab. Von dieser auf Steigspuren ins Schneekar und über den Mooshammersteig durch die Felswände im Grunde des Talkessels. Den Hochrand der Übergossenen Alm erreicht man bei den Teufelslöchern. Südostwärts weiter über den Gletscher zum Hochköniggipfel.

Einstieg: Mooshammersteig: Im Schneekar am oberen Rand der Geröllhalden. Birgkar: Alle schwierigen Stellen vom „Fensterl" bis hinunter in die untere Schrofenzone sind versichert.

Höhenunterschiede/Gehzeiten: Hinterthal—Bertgenhütte: ↑ 830 m, 2 Std. Bertgenhütte—Teufelslöcher: ↑ 800 m, 2 1/2 Std. Teufelslöcher—Hochköniggipfel: → ↑ 250 m, 1—1 1/2 Std. Gipfel-Birgkar—Endpunkt: ↓ 1540 m, 3 Std.

Abstieg: Vom Gipfel nach Westen absteigen auf den Gletscher. Entlang der langen Wächte zum Westende der Hochfläche. Beim „Fensterl" beginnt der Abstieg nach Süden durch das Birgkar. Zuletzt an der Stegmoos-Alm vorbei zum Endpunkt.

Endpunkt: Birgkarhaus, 1403 m.

Tip: Auf den nördlich der Teufelslöcher gelegenen Hochseiler führt ebenfalls ein Klettersteig (von Südosten).
Eine schwierige versicherte Steiganlage ist der von Norden auf die Übergossene Alm führende Herzogsteig. Ausgangspunkt ist Hinterthal.

Durch die Teufelslöcher führt der Mooshammersteig auf den größten Plateaugletscher der Ostalpen.

Julische Alpen/Östliche Julier/Venetien/Slowenien

68 69 Mangart

800 Höhenmeter über Klettersteige

Sind Sie an einem Eisenweg schon einen Überhang geklettert? Wahrscheinlich nicht. Dann sollten Sie es mit dem Mangart versuchen. Wer bis dahin nicht geglaubt hat, daß auch das Klettersteige-Klettern ein prikkelndes Erlebnis sein kann, hier lernt er es kennen. Die Steige auf den Mangart sind nicht so bekannt wie einige andere aus den Julischen Alpen, doch kann man sie heute schon zu den „klassischen" der Ostalpen rechnen. Gerade die „Via Italiana" bietet alles, was man aus einer versicherten Steiganlage herausholen kann; die Seile, Klammern und Stifte sind in einem guten Zustand. Über den Mangart und zwischen beiden Klettersteigen verläuft die italienisch-jugoslawische Staatsgrenze, und wir haben uns erzählen lassen, daß der italienische Weg durch die Nordwand eben deshalb erbaut worden sei, um den Berg ohne Grenzberührung besteigen zu können. Die derzeitige Situation ist allerdings nicht mehr so ernst, am Berg treffen sich (der Normalweg wird stark besucht) viele Nationen, und der hausgemachte Sliwowitz, der uns von fremden Kollegen am Gipfel angeboten wurde, war mit Freude geschenkt und nicht von schlechten Eltern.

Höchste Höhe: Mangart, 2677 m.

Schwierigkeit: Anspruchsvolle und lange Steiganlagen. Nichts für Anfänger. Vor allem die Via Italiana sehr ausgesetzt und luftig mit senkrechten Wandpartien (Schönster Steig der Julischen Alpen).

Zeitdauer: Besser 1 1/2 Tage mit Übernachtung in der Biwackschachtel „Fratelli Nogara".

Jahreszeit: Juli bis September.

Ausrüstung: Klettersteigausrüstung, dazu je nach Bedürfnissen persönliche Ausrüstung bei Übernachtung.

Ausgangsort: Lago superiore di Fusine (oberer Weißenfelser See), 929 m.

Verkehrsverbindungen: Staatsstraße von Tarvisio über Fusine.

Stützpunkt: Biwackschachtel „Fratelli Nogara" (unbew.) unter der Nordwand, 1850 m.

Wegverlauf: Die Via Italiana verläuft im westlichen Teil der Mangart-Nordwand, der Slowenische Weg in der Westwand des Gipfelbaues.

Einstieg: Via Italiana: 150 m neben Biwackschachtel. Slowenischer Weg: am gegenüberliegenden Rand der breiten Geröllhalde, die man beim Ausstieg der Via Italiana erreicht und leicht fallend überquert (2250 m ca.).

Höhenunterschiede/Gehzeiten: See—Biwakschachtel: ↑ 900 m, 2 1/2 Std. Biwakschachtel—Ausstieg Via Italiana: ↑ 400 Meter, 1 1/2 Std. Ausstieg—Geröllhalde—Einstieg Slow. Weg—Gipfel: → ↑ 80 Min. Gipfel—See: ↓ 3 Std.

Abstieg: Über den Normalweg zurück zum letzten großen Felsrücken vor den begrünten Hügeln, die oberhalb der Straße nach Koča na Mangartu liegen, 2263 m). Unterhalb dieses Felsturms quert man über die Mangartscharte (Viehabsperrung aus Stacheldraht) wieder in die Nordflanke des Massivs auf ital. Staatsgebiet und erreicht über eine breite Geröllflanke absteigend die Biwakschachtel. Weiter wie Aufstieg.

Endpunkt: Lago superiore di Fusine, 929 m.

Tip: Den gleichen Ausgangspunkt hat die „Via della vita" zur Veunza.

Morgenstimmung am Mangart.
Unter dem Nebelmeer bricht die Wand noch Hunderte von Metern ab.

70 Via della Vita

Kletterei im Innern eines Kraters

Die Kette von Gipfeln, die in der Mangart-Gruppe vom Mangart zur Veunza und weiter zu den Ponze zieht, fällt mit steilen Nordwänden in das idyllische Waldgebiet um die Seen von Fusine ab. Entsprechend spärlich finden sich brauchbare Übergänge aus diesem italienischen in den slowenischen Teil der Mangart-Gruppe. Ein solcher wurde zur Forcella Sagherza um das Jahr 1920 gangbar gemacht, und zwar mit der italienischen „Ferrate"-Erbauern eigenen Phantasie und Gründlichkeit. Weniger geheuer schien das ganze Projekt den ausführenden Alpini-Soldaten zu sein, die den über vollkommen senkrechte Wandabstürze führenden Eisenweg „Via della Morte" (Weg des Todes) tauften.

Einige Jahrzehnte später traf es sich, daß aus diesem Klettersteig in Bedrängnis geratene Bergsteiger geborgen werden mußten, was auch gut gelang. Seitdem, und seit einer darauffolgenden Restaurierung des Steiges, erhielt dieser den Namen „Via della Vita" (Weg des Lebens).

Höchste Höhe: Forcella Sagherza, 2149 m. Evtl. Veunza, 2340 m.

Schwierigkeit: Sehr luftig und ausgesetzt. Einer der rassigsten Steige des besprochenen Gebietes. Oft naß, kalt und meistens ohne Sonne. Die Sicherungen im obersten Teil teilweise beschädigt. Große Steinschlaggefahr beim Einstieg.

Zeitdauer: Tagestour.

Jahreszeit: Juni bis Oktober.

Ausrüstung: Klettersteigausrüstung, evtl. Seil.

Ausgangsort: Lago superiore di Fusine (oberer Weißenfelser See), 929 m.

Verkehrsverbindungen: Staatsstraße von Tarvisio über Fusine.

Stützpunkt: Rifugio Luigi Zacchi, 1380 m. Voraussichtlich wieder geöffnet ab Sommer 1978.

Wegverlauf: Die Zacchi-Hütte ist vom See auf breitem, gut bez. Weg zu erreichen. Von der Hütte in südlicher Richtung leicht fallend durch den Wald. Bei der Weggabelung am Waldrand auf dem rechten Steig weiter und durch Latschen, über Geröll und Lawinenreste auf das große Felskonkav zwischen Kl. Mangart und Veunza zuhalten. Auf Steigspuren in den Grund des Felskessels und zum Einstieg. Der Ausstieg des Klettersteiges befindet sich am oberen Rand der steilen Wände. Von hier in kurzer Zeit zur Forc. Sagherza (leicht nach rechts) oder nach links über Geröll und Schrofen zur Veunza (40 Min.).

Einstieg: Am Fuß der Steilwand im linken (im Sinne des Aufstiegs) Teil des großen Felskessels. Der Einstieg ist die Schlüsselstelle der Tour, das Übersetzen der Randkluft des mächtigen Lawinenkegels bereitet oft Schwierigkeiten.

Höhenunterschiede/Gehzeiten: See—Rifugio Zacchi: ➔ ↑ 450 m, 1 ½ Std. Rifugio Zacchi—Einstieg: ↑ 430 m, 1 ½ Std. Einstieg—Forc. Sagherza: ↑ 350 m, 1—1 ½ Std. Forc. Sagherza—See: ↓ 1200 Meter, 3—4 Std.

Abstieg: Wie Aufstieg.

Endpuntk: Lago superiore di Fusine, 929 m.

Tip: Gleichen Ausgangspunkt und Schwierigkeitsgrad hat die „Via Italiana" auf den Mangart.

Hinter dem „Weg des Lebens" baut sich die Nordkante des Kleinen Mangart auf.

71 Prisojnik

72 «Okno»- und «Jubilejna»- Klettersteig

Der Prisojnik ist eigentlich kein Berg im herkömmlichen Sinne, sondern ein kleines Massiv für sich mit einem Haupt- und einigen Nebengipfeln. Die Dimensionen an ihm erscheinen größer, der Fels wilder und die Stille einsamer als irgendwo in den Julischen Alpen. Die Einheimischen nennen ihn den „Einäugigen", wegen des weithin sichtbaren Felsenfensters in seiner Nordwestwand. Ein alter Bergsteiger aus Jesenice erzählte mir dann, daß der riesige Zyklop sehr wohl ein zweites Auge besitze, zwar sehr versteckt im Nordostgrat, aber nicht weniger imposant. Dieser Durchschlupf bildet den Abschluß des „Jubiläumweges", der vom Gipfel absteigend die Nordabstürze des Gebirgsstockes durchquert. Der Klettersteig, der sehr lange auf gleichbleibender Höhe verläuft, erinnert etwas an die klassischen Wege der Brenta, wenn auch die Bänder und Wandstufen nicht so ausgeprägt erscheinen.

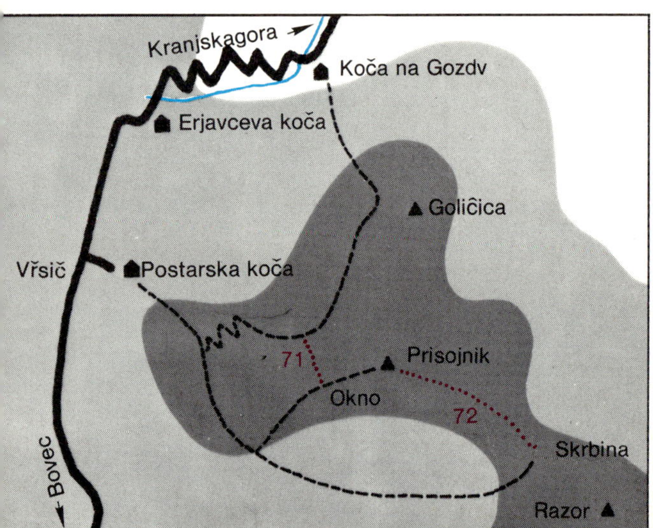

Höchste Höhe: Prisojnik, 2547 m.

Schwierigkeit: Sehr lange Tour mit vielen ausgesetzten Stellen.

Zeitdauer: Tagestour.

Jahreszeit: Juli bis September.

Ausrüstung: Klettersteigausrüstung. Auf der ganzen Tour gibt es kaum Wasser. Im Frühsommer für beide Klettersteige Pickel ratsam.

Ausgangsort: Vršič-Paß, 1611 m.

Verkehrsverbindungen: Fahrstraße von Kranjskagora oder Bovec.

Stützpunkte: Einige moderne Schutzhäuser am Ausgangsort. Unterwegs keine.

Wegverlauf: Beide Klettersteige zusammen mit Abstieg umrunden das gesamte Prisojnik-Massiv. Der „Okno"-Steig führt durch die Nordwestwand auf den Westgrat, der „Jubilejna"-Weg vom Gipfel über den Ostgrat (meistens in der Nordflanke) zur Skrbina (Scharte) zwischen Prisojnik und Razor. Auf ca. 2040 m Höhe des „Okno"-Steiges Einmündung des z. T. verfallenen „Hanza"-Klettersteiges.

Einstieg: „O k n o" : Am Fuße der Nordwestwand (Zugang: vom Vršič-Paß ostwärts über den grünen Rücken zum Sattel unter der Westwand, dann nach links ca. 10 Min. absteigen). „J u b i l e j n a" : In der ersten tiefen Scharte östlich des Gipfels (Abstiegsweg nicht leicht zu finden).

Höhenunterschiede/Gehzeiten: Vršič-Paß—Einstieg „Okno": → ↓ 30 Min. Einstieg—Gipfel: ↑ 950 m, 3—4 Std. Gipfel—„Jubilejna"—Skrbina (Scharte): ↓ → 2 Std. Scharte—Vršič-Paß: → ↓ 3 Std.

Abstieg: Von der Skrbina (Korita-) Scharte (tiefster Einschnitt zwischen Prisojnik und Razor) einige Min. abwärts, dann über den langen Höhenweg an der Südseite des Prisojnik in Richtung Vršič-Paß. Einmündung des Höhenweges in den Normalweg zum Prisojnik (hier halbstündige Gegensteigung) und weiter über Normalweg zum Paß.

Endpuntk: Vršič-Paß, 1611 m.

Tip: Wem es nach dem „Okno"-Klettersteig „reichen" sollte, kann über den Normalweg, der direkt unter dem Felsenfenster vorbeiführt, zum Vršič-Paß absteigen.

Durch ein riesiges Felsenfenster führt der letzte Teil des Okno-Klettersteiges. Am Gegenhang überm Tal die Straße zum Vršič-Paß.

73 Mala Mojstrovka

Eine kurze Bekanntschaft

— Hier oben liegt viel lockeres Zeug herum, deshalb warte ich in einer Nische, bis mein Freund das schräge Band erreicht hat. Als er die obere Kante erreicht hat, steige ich nach, und zwar vom Klettersteig hinaus ins freie Gelände, ich möchte ihn noch besser ins Bild bekommen. Da bewegt sich etwas auf einem Vorsprung über seinem Kopf, und bevor ich noch die schemenhafte Gestalt genauer erkennen kann, gebe ich Günther einen Wink, sich nicht zu bewegen. Und wirklich, da schiebt sich ganz langsam ein Schädel über die Kante, mit stattlichem Gehörn, zwei starke Läufe und ein massiger Körper folgen, — ein Steinbock.
Obwohl ich auf meinem miesen Stand nur eine Hand frei habe, gelingt es mir, die Kamera hervorzunesteln, Günther, Vieh und viel Abgrund im Sucher unterzubringen und — der Auslöser war nicht gespannt.

Höchste Höhe: Evtl. Mala (Kleine) Mojstrovka, 2332 m.

Schwierigkeit: Gut versicherte Anlage mit logischer Wegführung. Einige Stellen sehr ausgesetzt, dazu, vor allem im unteren Teil, Steinschlaggefahr.

Zeitdauer: Halbtagstour.

Jahreszeit: Juni bis Oktober.

Ausrüstung: Klettersteigausrüstung.

Ausgangsort: Vršič-Paß, 1611 m.

Verkehrsverbindungen: Fahrstraße von Kranjskagora.

Stützpunkte: Schutzhütten am Vršič-Paß.

Wegverlauf: Von der Paßhöhe auf der Straße ca. 100 m nordwärts in Richtung Kranjskagora), bis zur Abzweigung eines Weges nach links in die Latschen. Über die begrünte Flanke zum kleinen Sattel „Vratica", 1807 m (von unten gut zu sehen), wo sich der Weg nach Westen wendet zum Einstieg. Der Klettersteig führt durch die Nordwand und endet auf einer Schulter östlich des Gipfels. Höhe 300 m ca.

Einstieg: Unter der Nordwand am Fuße einer ausgeprägten Rampe.

Höhenunterschiede/Gehzeiten: Vršič-Paß—Einstieg: ↑ 45 Min. Einstieg—Ausstieg: ↑ 300 m, 1 Std. Ausstieg—Gipfel: ↑ 40 Minuten. Gipfel—Vršič-Paß: ↓ 700 m, 1 Std.

Abstieg: Über die breite, aus Geröllhalden bestehende Südostflanke.

Endpunkt: Vršič-Paß, 1611 m.

Tip: Für Ausdauernde: vormittags Mala Mojstrovka, nachmittags „Okno"-Klettersteig am Prisojnik. Die Gegend um den Vršič-Paß eignet sich auch ausgezeichnet zum Zelten, da sie einen zentralen Ausgangspunkt für Unternehmungen in den östlichen Juliern darstellt. Allgemein sind die Klettersteige in den Julischen Alpen lang, ausgesetzt und anstrengend. Die „vie ferrate", die im Dolomiten-Raum berühmt geworden sind, haben im Südosten der „Bleichen Berge" nicht nur Nachahmer gefunden — sie sind dort teilweise vorbildlich.

An der Mala Mojstrovka.
Ein Tip zur Planung: Im Hochsommer kann das Klettern in allen Kalkalpen sehr warm sein.

74 Bavski Grintavec

Einer der jüngeren Steige Sloweniens

Eine der schönsten Alpensagen überhaupt spielt in den Julischen Alpen, im Gebiet des Triglav. Es ist die Geschichte von Zlatorog, dem Gemsbock mit den goldenen Krickeln und seinem blühenden Reich. Wer allerdings das Gebiet um den Triglav kennt, der findet dort keinerlei Anhaltspunkte, die irgendeine derartige Suggestion erwecken, geschweige denn aufrechterhalten könnten. Diese habe ich auf dem Weg zum Bavški Grintavec getroffen. In diesem Gebiet sind Flora und Fauna noch ziemlich unberührt geblieben, und ich habe als begeisterter Nicht-Nur-Alpinist Prachtexemplare von Kreuzottern, kopfgroße Wespenkessel an alten Baumriesen bestaunen können.
Eine Quelle am Eingang zur Zadnja Trenta ist ein beliebter Ausflugsort.

Höchste Höhe: Bavški Grintavec, 2344 m.

Schwierigkeit: Nicht schwierig, aber steinschlaggefährlich. Vorauskletternde Gruppen ganz hinauf bzw. hinunter lassen.

Zeitdauer: Tagestour.

Jahreszeit: Juli bis Oktober.

Ausrüstung: Klettersteigausrüstung.

Ausgangsort: Die Häusergruppe Zapodnem in der Zadnja (Hinteren) Trenta, 943 m.

Verkehrsverbindungen: Staatsstraße von Bovec oder vom Vršič-Paß (Slowenien).

Stützpunkte: Keine. Die Zapotok-Alm, die am Wege liegt, ist verfallen.

Wegverlauf: Vom Ende des Schotterweges im hinteren Trenta-Tal noch einige Min. gerade weiter, dann über das meist ausgetrocknete Bachbett, an dessen orographisch linkem Ufer der Aufstieg durch den Wald beginnt (1020 m). Weitere Orientierung unschwierig. Bei der auf ca. 1850 m Höhe gelegenen Weggabelung (in den Geröllhalden unter der NO-Wand) den linken Weg beibehalten. Der Klettersteig führt über den N-Grat des Berges.

Einstieg: Auf der NO-Seite des Grates in ca. 2100 m Höhe.

Höhenunterschiede/Gehzeiten: Zadnja Trenta—Einstieg: ↑ 1100 m, 3—3 ½ Std. Einstieg—Gipfel: ↑ 250 m, 45 Min. Gipfel—Zadnja Trenta: ↓ 1400 m, 2—2 ½ Std.

Abstieg: Wie Aufstieg. Wer nicht zum Auto zurück muß, kann über einen der teilweise versicherten Wege ins Bavšica- bzw. Trenta (Soča)-Tal absteigen.

Endpunkt: Zadnja Trenta, 934 m.

Tip: Eine Tour, bei der auch der Zustieg, nicht nur der Klettersteig selbst lohnt.

Wild und zerrissen ist die Felswelt der Julischen Alpen. Der Blick vom Klettersteig am Bavški Grintavec geht nach Norden zum Mangart (links) und Jalovec.

Julische Alpen/Östliche Julier/Slowenien

75 Triglav

76 Über Tominšek-Weg, Prag-Weg und den Ostgrat auf den höchsten Berg Jugoslawiens

77

Was für Deutschland die Zugspitze, für Österreich der Großglockner, das ist der Triglav für Jugoslawien. Der „Dreiköpfige", wie ihn schon die Ureinwohner des Gebietes nannten, ist der höchste Gipfel einer ganzen Gebirgsgruppe, und entsprechend zahlreich sind Anstiege, Hütten, Kletterrouten und Mythen an diesem Berg. Die Steige sind angelegt für die große Masse der Sonntagsbergsteiger und teilweise so eisenhaltig, daß der Triglav unter Kennern oft als „Stachelschwein" bezeichnet wird. Die Anstiege zum Triglav-Schutzhaus aus dem Vrata-Tal bieten einen tollen Ausblick auf die gewaltige Nordwandmauer, eine der höchsten und längsten (3 km ca.) Wandfluchten der Ostalpen. Was mir an diesem Berg besonders aufgefallen ist, ist die Leere und Kargheit des Gebietes. Vor allem über der Vegetationsgrenze wird es öde und unfreundlich, und oft ist der Gipfelklotz von Wolken und Nebel verhüllt. — Der Fluch Zlatorogs?

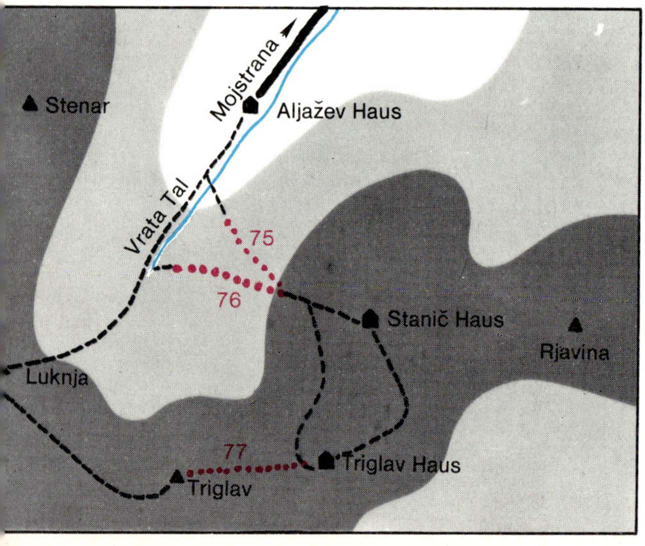

Höchste Höhe: Triglav, 2863 m.

Schwierigkeit: Sehr lange Tour. Die Klettersteige sind überversichert und gehören zu den leichtesten der Julischen Alpen.

Zeitdauer: Tagestour.

Jahreszeit: Juli bis September.

Ausrüstung: Klettersteigausrüstung.

Ausgangsort: Aljažev-Haus im Vrata-Tal, 1015 Meter.

Verkehrsverbindungen: Fahrweg von Mojstrana, das an der Staatsstraße Kranjskagora—Jesenice liegt.

Stützpunkte: Triglav-Haus auf der Kredarica, 2515 m. Evtl. Stanič-Haus auf dem Triglav-Hochplateau 2332 m (kann beim Aufstieg zum Triglav-Haus mitgenommen werden).

Wegverlauf: Tominšek-Weg und Prag-Weg sind zwei getrennte Steige, die beide hinter dem Aljažev-Haus abgehen (Tominšek-Weg hinter dem Bergsteigerdenkmal nach links über das Bachbett in den Wald) und an der orographisch rechten Flanke des Vrata-Tals zur Triglav-Hochfläche führen. Zusammenschluß der beiden Wege auf ca. 2050 m Höhe und weiter über die karstige Hochfläche zum Triglav-Haus. Aufstieg zum Gipfel über den Ostgrat-Klettersteig.

Einstieg: Ostgrat: Am Fuße des Mali (Kleinen) Triglav (5 Min. vom Triglav-Haus). Bei Tominšek- und Prag-Weg sind die Versicherungen über den ganzen Auf- bzw. Abstieg verteilt.

Höhenunterschiede/Gehzeiten: Aljažev-Haus —Tominšek-Weg—Triglav-Haus: ↑ 1500 Meter, 4—5 Std. Triglav-Haus—Gipfel: ↑ 350 m, 1 1/2 Std. Gipfel—Triglav-Haus —Prag-Weg—Aljažev-Haus: ↓ 1850 m, 3—4 Std.

Abstieg: Wie Aufstieg bis zur Gabelung Tominšek-Weg—Prag-Weg (2050 m zirka). Weiter über Prag-Weg zum Endpunkt.

Endpunkt: Aljažev-Haus, 1050 m.

Tip: Am Triglav ist bei schönem Wetter immer sehr viel Betrieb, nicht zu empfehlen an Feiertagen und Wochenenden. Ein alter Klettersteig, der ebenfalls direkt auf den Gipfel führt, ist der „Bamberg-Weg" von der Luknja-Scharte aus (Westgrat).

Seine Majestät — der Triglav.
Ein großer Berg. Im Bild der Ost-Grat.

78 79 Traunstein

«Naturfreunde» - und «Hans-Hernler-Steig»

Die Besteigung des Traunstein über dem Traunsee, wegen seiner isolierten Lage ein lohnender Aussichtsberg, war seinerzeit nur mit Führer oder Erlaubniskarte des ÖTC, Sektion Gmunden, gestattet — eine Genehmigung, wie sie heute in Nepal und Pakistan für die Sieben- und Achttausender gefordert wird.
Heute ist der Traunstein mit einem ganzen Netz von Steigen überzogen und ein beliebtes Ausflugsziel. Die beiden Hütten auf der hügeligen Gipfelhochfläche — die Gmundener Hütte auf dem Fahnenkogel, die Traunsteinhütte auf dem Traunkirchner Kogel — und die schattigen Aufstiegsmöglichkeiten ziehen, trotz des anstrengenden Aufstiegs, viele Gipfelbesteiger an.
Die beiden Klettersteige ermöglichen eine interessante Rundtour und immer wieder einen überraschenden Szenenwechsel. Sie führen unter steilen Wänden hindurch, über ausgesetzte Felskanzeln auf eine über das Flachland vorgeschobene Aussichtskanzel.

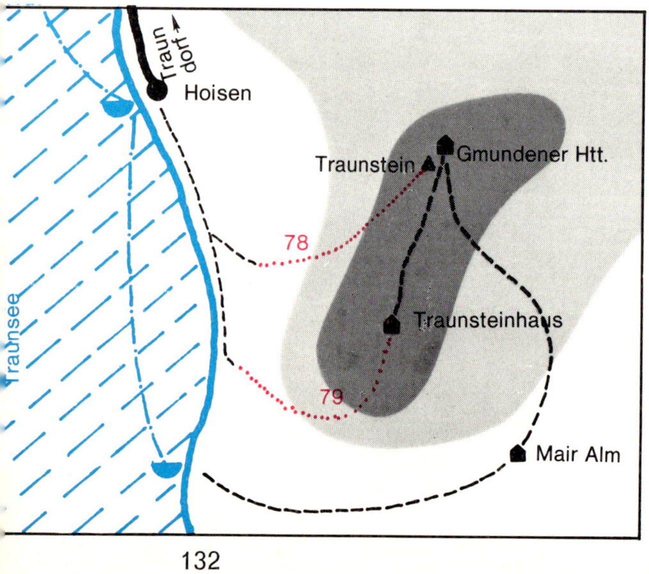

Höchste Höhe: 1691 m.

Schwierigkeit: Einige luftige Stellen. Besonders am Naturfreundesteig sind Sicherungen beschädigt. Als schwierig zu bezeichnen, da er im Abstieg bewältigt wird.

Zeitdauer: Tagestour.

Jahreszeit: Während der sechs warmen Monate zu begehen.

Ausrüstung: Klettersteigausrüstung, evtl. einige Schlingen und Seil (für Naturfreundesteig).

Ausgangsort: Traunsteinstraße, ca. 1 km nach Gasthof Hoisen, 440 m.

Verkehrsverbindungen: Schiff und Kfz. von Gmunden über Traundorf.

Stützpunkte: Gmundener Hütte, 1661 m. Traunsteinhaus, 1574 m.

Wegverlauf: Die Tour besteht aus Aufstieg über den Hans-Hernler-Steig, Übergang von der Gmundener Hütte zur Traunsteinhütte und Abstieg über den Naturfreundesteig. Der Hans-Hernler-Steig führt gut bezeichnet vom Seeufer im Norden des Traunstein-Massivs durch Wald, Wandpartien und Gräben auf dessen Gipfel.

Einstieg: Hans-Hernler-Steig: Die Sicherungen beginnen an den ersten schwierigeren Felsen über dem Wald. Naturfreundesteig: Der Steig beginnt direkt beim Traunsteinhaus (im Sinne des Abstieges).

Höhenunterschiede/Gehzeiten: Ausgangspunkt—Gipfel: 1260 m, 3—3 ½ Std. Abstieg je gleich viel.

Abstieg: Über den Naturfreundesteig. Wer es sich nicht zutraut, über diesen schwierigen (aber sehr abwechslungsreichen) der beiden Klettersteige abzusteigen, kann den Rückweg über Mair-Alm und Lainaugraben antreten.

Endpunkt: Traunsteinstraße, letzter Parkplatz.

Tip: Landschaftlich sehr schön, aber im Hochsommer warm (am Vormittag halbwegs im Schatten, nachmittags heiß).

Traunsee mit Traunstein.

80 81 82 Hoher Dachstein

Großzügige Überschreitung hoch über zwei Gletscherbecken

Drei Klettersteige — der gesicherte Aufstieg zur Hunerscharte, der Gipfelanstieg über die Nordostflanke mit einer Einstiegsvariante über den Ostgrat und der gut gesicherte Westgrat — lassen sich am Hohen Dachstein zu einer ausgedehnten, großartigen Bergtour kombinieren. Auch wenn Bestrebungen bestehen, die Sicherungen an der Nordseite abzubauen — die Seilbahn pumpt allzu viele Nichtbergsteiger auf den Gletscher — für den erfahrenen Klettersteige-Geher werden am Dachstein weiterhin extreme Wandermöglichkeiten bleiben
Die Überschreitung dieses zweithöchsten Berges der Nördlichen Kalkalpen wird immer ein Höhepunkt im Erinnerungsbogen eines klassischen Bergsteigers bleiben.
Der Ausblick vom Gipfel — bei gutem Wetter reicht er vom Wiener Schneeberg bis zu den Stubaiern, vom Böhmerwald bis zu den Julischen Alpen — sowie der Blick über den Abgrund der Südwand runden das abwechslungsreiche Klettererlebnis ab.

Höchste Höhe: 2996 m.

Schwierigkeit: Schwierig und ausgesetzt, Ausdauer und Trittsicherheit unbedingt erforderlich.

Zeitdauer: Tagestour bei Auffahrt mit der Dachstein-Südwandbahn, sonst eineinhalb Tage.

Jahreszeit: Im Juli, August und September begehbar.

Ausrüstung: Hochalpine Ausrüstung; Im Hochsommer und Herbst Steigeisen, Pickel und natürlich Seil mitnehmen.

Ausgangsort: Ramsau (Obertraun).

Verkehrsverbindungen: Ramsau (Talstation der Gletscherbahn) erreicht man am besten über Schladming (Gastarbeiterroute); Obertraun über Abtenau, Hallstatt.

Stützpunkte: Bei Auffahrt auf den Hunerkogel Hotels und Gasthöfe in der Ramsau. Für den hier beschriebenen Zustieg über die Hunerscharte Dachsteinsüdwandhütte.

Wegverlauf: Aufstieg über die Hunerscharte weiter zur Dachsteinwartehütte. Von dieser gegen Nordwesten und an guten Drahtseilen zur Schulter im Ostgrat ansteigen. Über das breite Band (oft vereist) zum Mecklenburgstein in der Nordflanke. Durch die gestufte, versicherte Rinne zum Gipfel. Abstieg über den Klettersteig am Westgrat.

Einstieg: Klettersteig Hunerscharte.

Höhenunterschiede/Gehzeiten: Klettersteig Hunerscharte ca. 1000 m, 2 1/2—3 Std. Hunerkogel—Dachstein: 300 m, 1 1/2—2 Stunden. Gipfel—Dachsteinwartehütte: 2 Stunden.

Abstieg: Über den versicherten Westgrat der Hallstätter Gletscher zum Hunerkogel. (Als Talabstieg empfehle ich die Gletscherbahn)

Endpunkt: Ramsau.

Tip: Bei Nebel ist diese Tour nicht empfehlenswert. Durch die Seilbahn meist überlaufen.

Der gut gesicherte Aufstieg zur Hunerscharte ist trotz Seilbahnnähe sehr eindrucksvoll.

83 84 „Wasserfallweg“ und „Josefinensteig“

Über Klettersteige auf das Hochtor

Die Nordabstürze der Gesäusemauer sind eigentlich nur dem Kletterer vorbehalten und gehören zu den eindrucksvollsten Schaustücken der Alpen. Über die schächste Stelle dieser Felsflucht, zwischen „Planspitze" und „Zurödl" wurde schon sehr früh (1891/92) ein Klettersteig, der „Wasserfallweg", gebaut. Über diesen gelangt man zur „Heßhütte" und zu den Südflanken der Hochtorgruppe. Hier sind die Gipfel weniger abweisend, und neben anderen lohnenden Gipfelbesteigungen kann man auch über einen weiteren Klettersteig den Gesäusehauptgipfel, das Hochtor besteigen. In der Kombination ergeben die beiden Weganlagen eine große Bergtour.

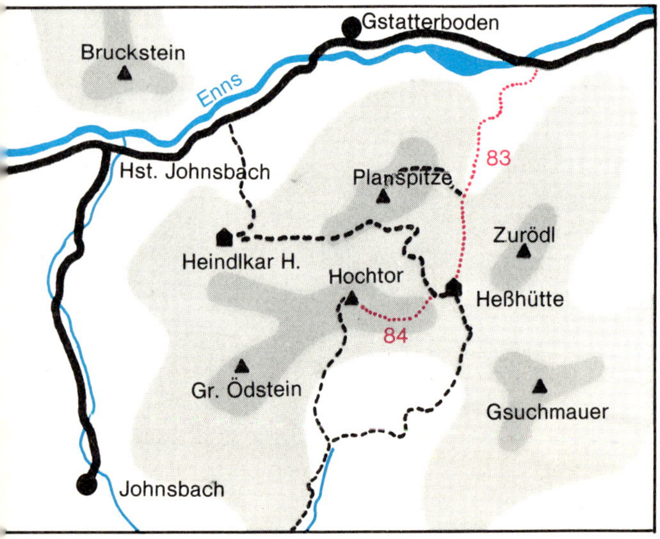

Höchste Höhe: Hochtorgipfel, 2365 m.

Schwierigkeit: Mäßig schwierig, teilweise ausgesetzt.

Zeitdauer: Tagestour.

Jahreszeit: Von Juli bis September begehbar.

Ausrüstung: Klettersteigausrüstung.

Ausgangsort: Gstatterboden oder Johnsbach.

Verkehrsverbindungen: Der Gstatterboden liegt an der Gesäusebundesstraße Liezen—Admont—Hieflau (Auch mit der Bahn erreichbar).

Stützpunkte: Gasthöfe im Gstatterboden oder Johnsbach, Heßhütte.

Wegverlauf: Bei der „Kummerbrücke" (Parkplatz) beginnt der markierte „Wasserfallweg". Zuerst über steilen Hochwald hinauf bis zu dem von unten sichtbaren Wasserfall. Der Klettersteig umgeht in einer großen Rechtsschleife diesen überhängenden Wandgürtel. Nach dem Ausstieg über die „Ebnersangerlalm" weiter und über Waldstufen zur Heßhütte (bis hierher auch von Johnsbach). Die Heßhütte liegt direkt am Fuße des Hochtors, und Weiterweg über den Guglgrat (markiert) kann gut eingesehen werden.

Einstieg: Zum „Wasserfallweg" kurz oberhalb des Wasserfalls. Zum „Josefinensteig" über den Guglgrat. Am Beginn der Felsen in Hüttennähe.

Höhenunterschiede/Gehzeiten: Kummerbrükke (564 m)—Wasserfall (890 m)—Heßhütte (1687 m) 3 1/2—4 Std. Johnsbach—Heßhütte 2 1/2 Std. Heßhütte (700 m)—Hochtor (2370 m) 2 Std.

Abstieg: Wie Aufstieg.

Endpunkt: Gstatterboden oder Johnsbach.

Tip: Am besten mit zwei Autos. Klettersteig als Familienausflug.

Am Aufstieg über den Wasserfallweg zur Hesshütte.

85 Wengerweg

Klettersteig auf den Aussichtsberg Buchstein

Der Große Buchstein ist einer der markantesten und eindrucksvollsten Gesäuseberge. Mit seinem festungsartigen, klotzigen Felsaufbau stellt er einen imposanten Gegenpol zu den langgestreckten Felsfluchten des Gesäusehauptkammes dar und gewährt phantastische Einblicke in diese vielbesuchten Kletterwände.

Ruhige, befreiende Stunden, wenn es einen ganzen Tag lang nichts gibt als diese Felswände und ihre Ausstrahlung: die Dimensionen, die Wärme, die sie im Sonnenlicht auffangen, Kälte dann im Wolkenschatten, die Tiefe; weder Angst auszurutschen noch die Begeisterung hineinzuklettern, nur Gegenwart zwischen gewachsenem Gemäuer, das dazugehört wie man selbst.

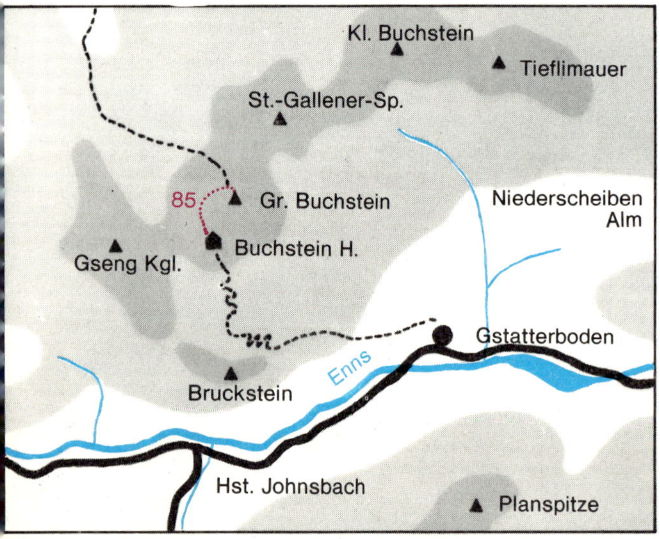

Höchste Höhe: 2224 m.

Schwierigkeit: Leicht, jedoch Trittsicherheit erforderlich.

Zeitdauer: Tagestour.

Jahreszeit: Der exponierte Berg kann in den Sommermonaten gut gegangen werden. Schnee und Regen können aber schon den Zustieg über die steilen Hänge unter dem Westgrat gefährlich machen.

Ausrüstung: Da keine Seile, nur Trittleitern als Steighilfen angebracht sind, benötigt man keine zusätzlichen Sicherungshilfen. Helm empfehlenswert.

Ausgangsort: Gstatterboden, 579 m.

Verkehrsverbindungen: Der Gstatterboden liegt an der Gesäusebundesstraße Liezen—Admont—Hieflau (auch mit der Bahn erreichbar).

Stützpunkte: Hotel „Gesäuse" im Gstatterboden oder „Buchsteinhaus" (1571 m).

Wegverlauf: Von Gstatterboden auf markiertem Weg zum „Buchsteinhaus". Von hier auf rot-blau markiertem Weg über Latschenfelder zum Fuße des Westgrates. Querung an steilen Hängen unter dem Westgrat zum Einstieg des Wengerweges, der einer steilen Rinne folgend das Gipfelplateau erreicht.

Einstieg: Wo sich die Markierung teilt (blau: Wengerweg). Später Eisenklammern.

Höhenunterschiede/Gehzeiten: Gstatterboden Buchsteinhaus ca. 1000 m, 2 ½ Std. Buchsteinhaus—Großer Buchstein, ca. 700 m, 2 Std.

Abstieg: Über den Normalweg (rot markiert).

Endpunkt: Gstatterboden.

Tip: Wer genügend Zeit hat, sollte unbedingt im Buchsteinhaus übernachten. Der Eindruck der Gesäuseberge im Wandel des Tageslichts ist besonders von hier stark.

Der wuchtige Gipfelaufbau des Buchsteins. Knapp hinter dem steilen Westgrat (links) führt der Wengerweg zum Gipfel.

86 Hochlantsch

Klettersteig im Revier der Steinböcke

Kurz vor den Toren der Stadt Graz steilen sich die Ausläufer der Obersteirischen Gebirgswelt in einer kleinen Berggruppe um den Hochlantsch noch einmal mächtig auf. Namen wie „Bärenschützklamm" oder „Drachenhöhle" zeugen davon, daß dieser wilde Bergstock schon früher Zufluchtsort seltener Tierarten war. Heute sind vor Jahren ausgesetzte Steinböcke die Bewohner dieser wilden Schluchten und Täler; hier finden sie Einsamkeit und Ruhe. Einsam und kaum bekannt ist auch der Klettersteig durch die Nord-Nord-West-Wand des Hochlantsch. Die Bergsteiger, die nicht nur die Schwierigkeit, sondern auch das unmittelbare Naturerlebnis suchen, werden hier voll auf ihre Rechnung kommen. Der Aufstieg aus dem üppigen Grün der Täler in die kargen Felshänge der Vorgebirge hat immer etwas Befreiendes.

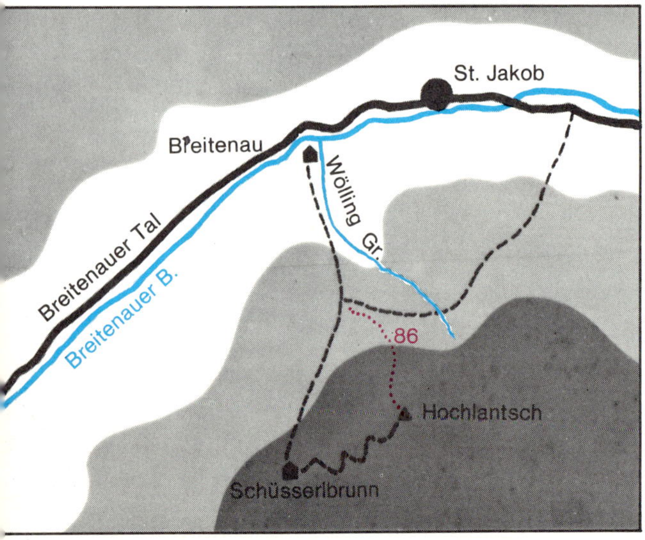

Höchste Höhe: 1722 m.

Schwierigkeit: Mäßig schwierig.

Zeitdauer: Halbtagstour.

Jahreszeit: Vom Frühjahr bis spät in den Herbst begehbar.

Ausrüstung: Klettergürtel, eine Reepschnur, 2 Karabiner, Helm empfehlenswert.

Ausgangsort: St. Jakob in der Breitenau.

Verkehrsverbindungen: St. Jakob in der Breitenau erreicht man zwischen Bruck und Graz von der „Gastarbeiterroute" abzweigend. Ab Bruck Busverbindung. 24 km ab Bruck.

Stützpunkte: Gastwirtschaften in St. Jakob.

Wegverlauf: Von St. Jakob fährt man in den Wöllinggraben (Asphaltstraße ca. 5 km) bis zum Gasthaus „Zirbisegger". Ende der Straße. Von hier Beginn des rot-weiß-rot markierten Weges nach „Schüsserlbrunn". Nach ungefähr 10 Min. Wegkreuzung (Tafel „Schafferwerk"). Hier zweigt links ein unmarkierter, gut ausgebauter Jägersteig ab, den man bis zum Wandfuß verfolgt. Der Klettersteig folgt einer großen, von links nach rechts ziehenden grasdurchsetzten Rampe.

Einstieg: Kurz oberhalb der kleinen Jagdhütte in einer großen Rinne (Drahtseile, Steigspur).

Höhenunterschiede/Gehzeiten: St. Jakob—Gipfel: ca. 1100 m, 3—3 ½ Std.

Abstieg: Über „Schüsserlbrunn" westlich der „Lantschmauer".

Endpunkt: St. Jakob.

Tip: Die Tour kann mit einem Abstieg durch die „Bärenschützklamm" verlängert werden. Endpunkt: Mixnitz.

Der kaum begangene Steig durch die „Lantschmauer" verlangt auch im steilen Wiesengelände gute Trittsicherheit. Unten St. Jakob in der Breitenau.

87 „Grete-Klinger-Weg"

Exponierte Grate hoch über Vordernberg

Die „Vordernbergermauer", ein langgezogener Bergkamm mit Erhebungen über 2000 m, verläuft fast 6 km lang parallel zu dem oberen Vordernbergertal. Direkt über den Dächern der alten Hochofenstadt Vordernberg, mit den verfallenen Industriegebäuden, baut sich die markanteste Graterhebung dieser Mauer, das „Fahnenköpfl" auf. Über diesen Felsaufschwung verläuft der Klettersteig. Wer einmal eine Stadt aus der „Vogelperspektive" erleben will, kommt hier voll auf seine Kosten. Während man über die ausgesetzten Gratschneiden turnt, fällt der Blick immer wieder auf das 1000 m tiefer liegende Vordernberg, das dem Kletterer wie eine Spielzeugstadt unwirklich und entrückt erscheint. Im Nachmittagslicht wirken sogar die Straßen als harmonische Linien.

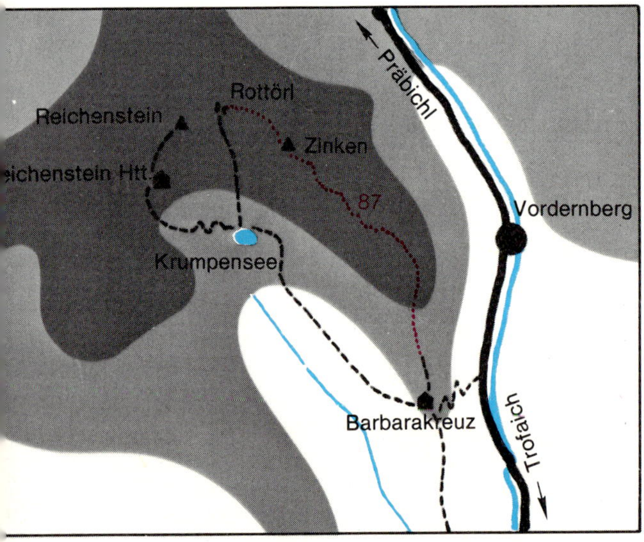

Höchste Höhe: 2010 m.

Schwierigkeit: Mäßig schwierig, teilweise sehr ausgesetzt.

Zeitdauer: Tagestour.

Jahreszeit: Der Steig ist den ganzen Sommer über gut begehbar. Besonderen Reiz bietet er im Herbst, wenn der Mischwald im Vordernbergertal in allen Farben steht.

Ausrüstung: Klettergürtel, 1 Reepschnur, 2 Karabiner (Helm nicht unbedingt notwendig, da man fast immer auf einem flachen Grat klettert).

Ausgangsort: Trofaiach.

Verkehrsverbindungen: Trofaiach liegt an der Bahnlinie Leoben—Eisenerz—Hieflau. Ab Leoben 10 km. Mit Auto von Norden: Liezen—Gesäusestraße—Hieflau—Präbichl—Trofaiach.

Wegverlauf: Vom Ende des Krumpengrabens (Autostraße bis zum Haus „Hirnalm") über markiertem Weg bis zu der Örtlichkeit „Barbarakreuz", wo sich die markierten Wege von Vordernberg herauf treffen. Von hier über gutausgebauten Steig, anfangs durch den Hochwald, bis zum Anfang des Klettersteiges (rot markiert). Der Kletterweg folgt jetzt immer dem Grat, bis er mit dem Normalweg zusammentrifft. Über den jetzt breiter werdenden Gratrücken, einige Gipfel überschreitend, bis auf das „Rottörl" (Scharte zwischen Reichenstein und Vordernbergermauer).

Einstieg: Tafel am Gratbeginn; Drahtseile sichtbar.

Höhenunterschiede/Gehzeiten: Aufstieg zirka 1400 m, 3—4 Std.

Abstieg: Vom „Rottörl" über den Krumpensee auf markiertem Steig wieder zum Ausgangspunkt.

Tip: Man kann die Tour noch erweitern, wenn man vom „Rottörl" weiter auf den Reichenstein (2166 m) geht. Stützpunkt für den Reichenstein: Reichenstein-Hütte.

Luftige Gratturnerei am Grete-Klinger-Steig über den Dächern von Vordernberg.

Eisenerzer Alpen/Steiermark

88 Pfaffenstein

Auf dem Markussteig durch die Südwand

Die Bergstadt Eisenerz liegt eingekesselt zwischen mächtigen Bergen. Trotz der Fülle der sie umrandenden Berge haben die Eisenerzer ihren Hausberg: den Pfaffenstein. Obwohl nur 1871 m hoch, überragt er Eisenerz um 1200 m und wirkt durch seine stadtnahe Lage besonders wuchtig und eindrucksvoll. Seine lotrechte Westkante und die Südwand prägen seine Gestalt. Besonders im Frühjahr und im Herbst bietet sich hier eine Wandermöglichkeit vor den Toren der Stadt, mit dem Ausblick auf die Niederen Tauern, dem Tiefblick auf die Stadt Eisenerz und dem zerfurchten Erzberg.

Höchste Höhe: 1871 m.

Schwierigkeit: Leicht.

Zeitdauer: Halbtagestour.

Jahreszeit: Von Juni bis Oktober begehbar.

Ausrüstung: Klettersteigausrüstung.

Ausgangsort: Eisenerz.

Verkehrsverbindungen: Von Norden über Hieflau; von Süden über Leoben, Präbichl erreichbar (Bahn-Straße).

Stützpunkte: Gasthäuser im Eisenerz.

Wegverlauf: Von Eisenerz durch die Augasse (große Siedlung) auf breitem Weg zu einer großen Wiese. Am Waldrand Wegtafel „Südwandsteig, Markussteig". Wir halten uns rechts und erreichen über Wald (markierter Weg) den Fuß der Südwand.

Einstieg: Bei einer markanten, allein stehenden Baumgruppe beginnt der Klettersteig, der nach einer kurzen Rechtsquerung durch eine schluchtartige Rinne die Südwand durchzieht.

Höhenunterschiede/Gehzeiten: Eisenerz—Einstieg: 1 ½ Std. Einstieg—Hochfläche: ↑ 1 Std., weiter zum Gipfel: → ½ Std.

Abstieg: Über den „Markussteig", ca. 2 Std.

Endpunkt: Eisenerz.

Tip: Als Abstiegvariante über das „Urlaubskreuz" zum Leopoldsteiner See.
Etwas schwieriger als der Markussteig ist der Schrabachersteig, ein gesicherter Klettersteig, der, unter den Südwänden beginnend, in einem Linksschwung von Osten den Gipfel erreicht.

Ausblick aus der Pfaffenstein-Südwand. Unten Eisenerz, im Hintergrund die Niederen Tauern.
Dietmar Oswald, ein Bergführer aus Trofaiach in der Steiermark, hat dieses Bild und andere zu diesem Buch gemacht. Dieser glänzende Kletterer ist wenig später als Bergführerausbildner tödlich verunglückt.

89 Haidsteig

Kühnster vers. Klettersteig im Nahbereich Wiens

Rax und Schneeberg gehören zu den „Hausbergen" der Wiener. Zahllose leichte bis schwierige Anstiege führen zu den Hochplateaus der beiden Zweitausender (Klosterwappen, 2075 Meter, Heukuppe, 2007 m). Besonders die felsigen Abstürze der Rax werden durch teils überaus kühne Steiganlagen, die um die Jahrhundertwende versichert wurden, erschlossen. Der Alpenvereinssteig im obersten Winkel des Großen Höllentales wird wohl als der längste versicherte Steig im Raxgebiet bezeichnet, weit kühner und anspruchsvoller sucht jedoch der Hans-von-Haid-Steig, benannt nach dem Vorstand der AV-Sektion Reichenau a. d. Rax, den direkten Durchstieg durch die senkrechten Wände der Preinerwand.
Der Haidsteig kann nur trittsicheren Kletterern empfohlen werden, die ihn von Prein a. d. Rax aus zur Überwindung der Südflanke der Rax benützen, um rasch wieder über den Preinerwandsteig oder Holzknechtsteig ins Tal zu gelangen — kurzum die „Hohe Schule" der Klettersteige in der Wiener Umgebung.

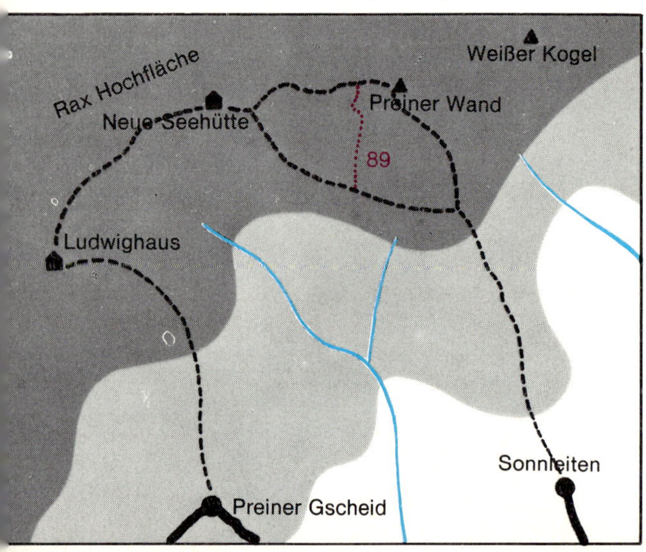

Höchste Höhe: Preinerwand, 1783 m.

Schwierigkeit: Sehr schwierig, aber gut versichert. Sehr langer und anstrengender Klettersteig, Schwindelfreiheit und Trittsicherheit erforderlich.

Zeitdauer: Tagestour.

Jahreszeit: Mai—Oktober.

Ausrüstung: Für Ungeübte Seil, ansonsten Klettergürtel mit zwei Karabinern, Steinschlaghelm (Route steinschlaggefährdet).

Ausgangsort: Prein an der Rax—Busstation der Linie Payerbach-Reichenau—Preiner Gscheid.

Verkehrsverbindungen: Schnelle Eilzugverbindung (7.03 ab Wien-Südbhf) nach Payerbach-Reichenau, Postautobusanschluß Richtung Preiner Gscheid, Station Sonnleitenhof aussteigen.

Stützpunkte: Neue Seehütte (1687 m), Waxriegelhaus (1361 m).

Wegverlauf: Aufstieg von Busstation Sonnleitenhof (rot) über Preiner Schüttweg zu Abzweigung (Richtung Norden, ebenfalls rot markiert zum Preinerwandsteig), dort nordwestwärts haltend über den Holzknechtsteig zum Einstieg des Alten Haidsteiges, weiter zum Einstieg des Neuen Haidsteiges (Steigtafel). Den Sicherungen folgend bis unterhalb des Preinerwandgipfels.

Einstieg: Beim tiefsten Punkt der Preinerwand (1400 m), Steigtafel.

Höhenunterschiede/Gehzeiten: Prein a.d. Rax —Einstieg: ↑ 720 m, 2 ½ Std. Einstieg—Preinerwandgipfel: ↑ 383 m, 1 ½ Std.

Abstieg: Wie Aufstieg oder über den Preinerwandsteig (teils Drahtseile und Eisenstifte) bzw. Holzknechtsteig.

Endpunkt: Rax-Hochfläche mit Ludwighaus und Habsburghaus.

Tip: Auch im Winter und Frühjahr begehbar (südseitig), Zustieg jedoch sehr verschneit (Kombinationsmöglichkeiten: mit Raxüberschreitung zum Großen Höllental hin und Abstieg über Alpenvereinssteig (96) klassische Raxtour).

Der kühnste Steig im Raum der Wiener Hausberge — Rax und Schneeberg — ist der Haidsteig.

Niederösterr. -steirische Kalkhochalpen/Rax/Niederösterreich

90 91 92 Gamsecksteig, Wildfährte, Bärenloch

Von der Raxhochfläche zu Naßkamm und Naßwald

Nicht zu Unrecht trägt der nach Nordwesten abfallende Teil der Rax den Namen Naßkamm und Naßwald. Große Regenmengen speisen die Brunnen der Ersten Wiener Hochquellenwasserleitung, auch nennt man das Gebiet des Naßwaldes die Heimat Huemers, Forstpionier und Raxkönig genannt. Die drei Steige können wohl von ihrer Länge und Exponiertheit keinesfalls mit dem Alpenvereinssteig (96), Haidsteig (89) oder gar dem Wildenauersteig (97) verglichen werden. Ernst müssen sie dennoch genommen werden: Unfälle beweisen es; Leichtsinn hat hier nichts zu suchen!
Aufstieg vom Preiner Gscheid über Ludwighaus zur Heukuppe und Abstieg über Gamsecksteig oder Grasbodenalm (Bärenloch, Wildfährte) nach Naßwald.
Frühere Jägersteige wurden versichert und bilden heute die beliebtesten Durchstiege durch die Kahlmäuer, ja sogar der Europäische Fernwanderweg Pyrenäen — Jura — Neusiedlersee benützt die Versicherungen des Gamsecksteiges!

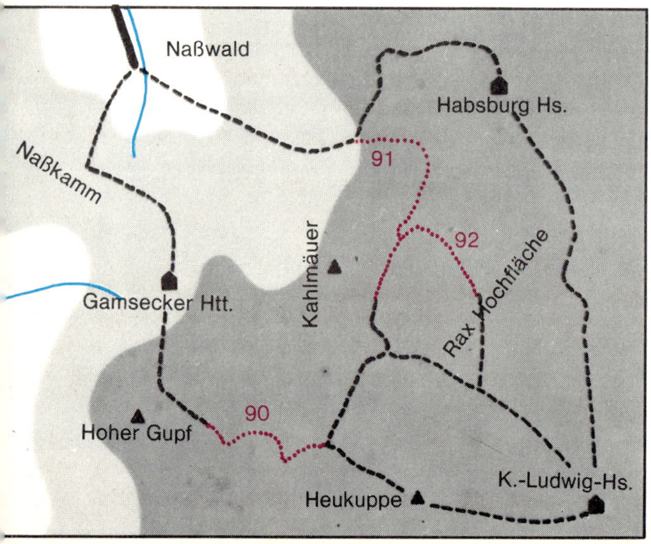

Höchste Höhe: Heukuppe, 2007 m.

Schwierigkeit: Lange Zustiege, Steiganlagen kurz und nicht schwierig, Trittsicherheit und Schwindelfreiheit erforderlich.

Zeitdauer: Tagestour.

Jahreszeit: Mai—Oktober.

Ausrüstung: Klettergürtel mit Bandschlaufe und Karabiner, gute Bergschuhe, Wetterschutz (Naßwald!).

Ausgangsort: Gasthaus Binder in Hinter-Naßwald (nicht mehr existent).

Verkehrsverbindungen: Südbahn bis Payerbach-Reichenau, Postbusverbindung nach Naßwald.

Stützpunkte: Gamsecker und Zimmermann Hütte, Privathütten, 1330 m, Karl-Ludwig-Haus, 1804 m, Habsburghaus, 1785 m.

Wegverlauf: 1) Gamsecksteig: Von Naßwald nach Hinter-Naßwald, über den Naßriegel zum Naßkamm, nach Osten (links) abschwenkend Richtung Kahlmäuer, an Zimmermann Hütte vorbei zum Fuß des Hohen Gupfs, zum Rand der Raxhochfläche südlich des Gamsecks, 1857 m.
2) Wildfährte: Wie Gamsecksteig-Zustieg bis zum ehemaligen Gasthaus Binder, nun links halten, über den Rehboden zum Fuß der Kahlmäuer und über die schräg rechts ansteigende Terrasse zur Hochfläche.
3) Bärenloch: Gemeinsam mit den Zeichen der Wildfährte, in ca. 1400 m Höhe nach Osten weisende grüne Zeichen des Bärenlochanstieges, drahtseilgesichert.

Einstieg: Am Fuße der Kahlmäuer, ca. 1400 m Höhe.

Höhenunterschiede/Gehzeiten: Naßwald—Hinter-Naßwald—eh. Gasthaus Binder: ↑ 137 m, 1 Std. Binder—Wildfährte oder Bärenloch—Raxhochfläche: ↑ 809 m, 3 Std. Grasbodenalm—Gamseck: ↑ 200 Meter, $^3/_4$ Std. Gamseck—Gamsecksteig—Binder: ↓ 1009 m, 2 $^1/_2$ Std.

Abstieg: Wie Aufstieg bzw. herrliche Rundtour durch Kombination Gamsecksteig—Bärenloch/Wildfährte.

Endpunkt: Grasbodenalm und weiter bis zur Heukuppe (2007 m).

Tip: Raxüberschreitung.

Festes Eisenklammergeländer erleichtert den Aufstieg im oberen Drittel des Gamsecksteiges.

93 94 Wachthüttelkamm, Schönbrunnerstiege

Vom Schwarzatal ins Große Höllental und auf die Raxhochfläche

Das Große Höllental, Seitental des von der Schwarza durchflossenen Höllentales, wird von den beiden über 600 m aufragenden Felsbarrieren der Kloben- und Loswand eingeschlossen. Vom Bergsteigertreffpunkt Weichtalhaus wandert man nur wenige Minuten in das abgeschiedene und düstere Große Höllental, welches vier großartige versicherte Felsenwege vom Talgrund durch die reich gegliederten Kalkwände ausgehen läßt: Alpenvereinssteig, Teufelsbadstubensteig, Hoyossteig, Gaisloch. Die Schönbrunnerstiege erleichtert den Zustieg in das Hochtal und ist gleichzeitig Auftakt zur Begehung der längsten versicherten Steige am Ostrand der Alpen.

Die Steiganlage des Wachthüttelkammes wird zunehmend von Weitwanderern benützt, die heute von den Pyrenäen über Jura und Nördliche Kalkalpen einheitlich rot-weiß-rote Zeichen oder Tafeln der Europäischen Wandervereinigung vorfinden: So auch am Wachthüttelkamm!

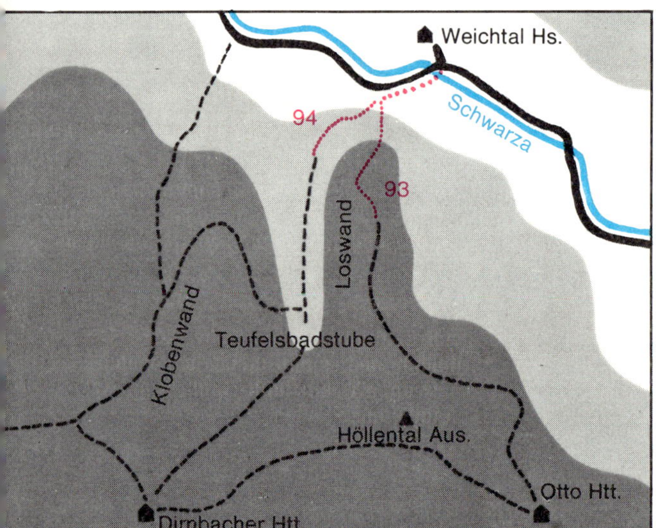

Höchste Höhe: 1623 m, Höllental-Aussicht bzw. Praterstern unweit des Ottohauses.

Schwierigkeit: Ohne besondere Kenntnisse begehbar, am Wachthüttelkamm eventuell bei Nässe Vorsicht (Eisenleitern und Holzsprossen).

Zeitdauer: Gemütliche Tagestour.

Jahreszeit: Mai—Oktober.

Ausrüstung: Bergwanderausrüstung, keine spezielle Klettersteigausrüstung, Kinder und Unerfahrene eventuell mit Selbstsicherung.

Ausgangsort: Weichtal und Höllental.

Verkehrsverbindungen: Rasche Eilzugverbindung (ab 7.03 Uhr Wien-Südbhf) nach Payerbach - Reichenau, Postautobusanschluß ins Höllental, Station Weichtalhaus.

Stützpunkte: Weichtalhaus, 563 m, Ottohaus, 1644 m.

Wegverlauf: 1) Wachthüttelkamm: Nur wenige Meter nach dem Verlassen des Höllentales weisen Zeichen links steil bergan — auch Edmund-Hanisch-Steig genannt.
2) Schönbrunnerstiege: Eben parallel zu Straße und Schwarza weiterwandern und auf dem Schönbrunnerweg rund um den Wachthüttelkamm und ansetzende Blechmauer zum Beginn des Großen Höllentales. Eisen „stiege" stellt das Herzstück des Schönbrunnerstiegen-Steiges dar. Weiter über Schuttrinne, die unmittelbar am unteren Außenrand des Gr. Höllentales endet/beginnt.

Einstieg: Fünf Minuten oberhalb des Weichtalhauses, direkt an der Höllental-Bundesstraße gelegen.

Höhenunterschiede/Gehzeiten: Weichtalbrücke—Großes Höllental: ↑ 40 m, 30 Min. Weichtalbrücke—Wachthüttelkamm—Wegkreuz „Praterstern": ↑ 1060 m, 3 1/2 Std.

Abstieg: Wie Aufstieg oder über Teufelsbadstubensteig, Alpenvereinssteig oder anderen Steig (z. B. Gaisloch, Hoyossteig) wieder zurück ins Höllental.

Endpunkt: Raxhochfläche, „Praterstern" beim Ottohaus, 1623 m.

Tip: Umrundung des gesamten Höllentalkessels über Wachthüttelkamm—Klobentörl —Rudolfsteig ins Höllental hinab.

Eine der vielen Eisenleitern am Wachthüttelkammanstieg.

95 Teufelsbadstube, Alpenvereinssteig
96 An der «Wiege des Wiener Bergsteigertums»

Der Teufelsbadstubensteig gehört zu den ältesten versicherten Steiganlagen des Alpenraumes. Schon 1802 wurde der ursprünglich als Jagdsteig angelegte versicherte Weg zur Teufelsbadstube fertiggestellt. Er fiel in Vergessenheit und wurde erst viele Jahre später (1894) einwandfrei versichert. Nicht weit davon entfernt befindet sich der längste versicherte Steig des Rax/Schneeberggebietes, der Alpenvereinssteig. Seine 60 m hohe Einstiegseisenleiter wird gewiß auch von Dolomitensteigen verwöhnten Bergsteigern gerne begangen werden. Doch damit nicht genug: Weitere Leitern, drahtseilbewehrte Engpässe und gangbar gemachte Steilstufen erfreuen Klettersteigfans.
Trotz der Versicherungen gibt es auch hier Gefahren: Kloben- und Loswand, durch die die meisten versicherten Anstiege zur Hochfläche der Rax leiten, sind stark steinschlaggefährdet! Dennoch: Auch wenn es keine Dolomitenwände sind — eine Vorahnung großer „vie ferrate" erfährt man hier!

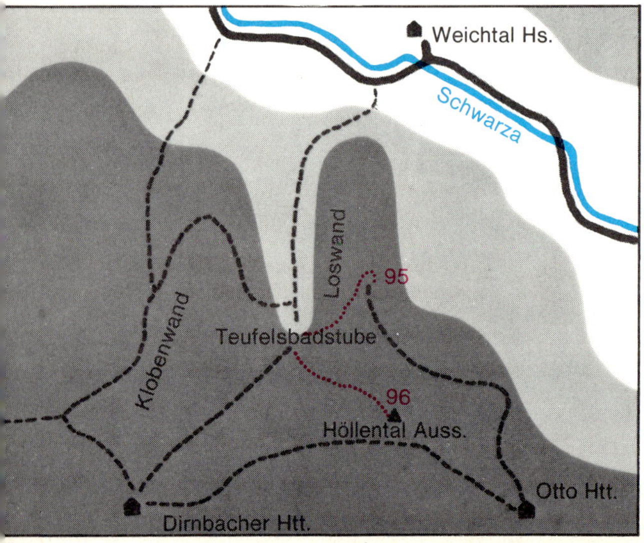

Höchste Höhe: Höllental Aussicht, 1620 m (Alpenvereinssteig); Praterstern, 1623 m (Teufelsbadstubensteig).

Schwierigkeit: Relativ lange und teilweise sehr exponierte Steiganlagen (vor allem Alpenvereinssteig, somit Kondition erforderlich, steinschlaggefährdete Anstiege, Schuttrassen erfordern „sauberes Gehen".

Zeitdauer: Tagestour.

Jahreszeit: Mai—Oktober.

Ausrüstung: Bergwanderausrüstung, Steinschlaghelm, Karabiner, Schlauchband, Klettergürtel.

Ausgangsort: Weichtalhaus im Schwarzatal, 563 m.

Verkehrsverbindungen: Eilzug nach Payerbach-Reichenau, Postautobusanschluß ins Höllental, Station Weichtalhaus.

Stützpunkte: Weichtalhaus, 563 m, Ottohaus 1644 m.

Wegverlauf: Vom Weichtalhaus über die Schönbrunnerstiege ins Große Höllental, das Tal auf einer Forststraße emporsteigen, durch Wald zu Abzweigung Teufelsbadstube (Tafel):
1) Teufelsbadstube; retour ins Weichtal.
2) Alpenvereinssteig: weiter durch Wald Richtung oberster Höllentalboden (Blick zum Gaisloch mit Liststeig), nach links steil bergan über Schutthalde abschwenken, erste 60-m-Leiter ist gut sichtbar; zum Praterstern und zum Ottohaus.

Einstieg: Am untersten Rand der Loswände, oberer Gr. Höllentalboden (Steintafel), ca. 850 m.

Höhenunterschiede/Gehzeiten: Weichtalhaus —Einstieg: ↑ 300 m, 1 ½ Std. Einstieg—Höllentalaussicht: ↑ 650 m, 2 Std. Einstieg—Praterstern (Teufelsbadstubensteig): ↑ 730 m, 2 ½ Std.

Abstieg: Wie Aufstieg oder über Dirnbacher Rettungshütte und Gaisloch zurück ins Große Höllental.

Endpunkt: Für beide Steiganlagen Raxhochfläche, Praterstern und Ottohaus.

Tip: Großartige Tourenverbindung Alpenvereinssteig—Ottohaus—Gaisloch, im Frühsommer noch oft Altschneereste, Überschreitung Höllental—Preinerwand (89) sehr zu empfehlen.

Einstiegsleiter des Alpenvereinssteiges. Die Leiter überwindet den ersten Steilabsatz der zum obersten Großen Höllentalboden abfallenden Wandflucht.

97 98 Wildenauersteig, Frauenlucke

Der ehemalige Domprälat zu St. Stephan, profunder Kenner der Hohen Wand, Erstbegeher zahlloser Wandanstiege, wollte schon immer einen passablen Klettersteig durch die unnahbare, steile Hochfallwand finden. Anläßlich einer Abseiltour entdeckte er den heute gut versicherten senkrechten Anstieg durch die abweisende Wand. Klammern und Haken sind auch heute noch die einzigen Hilfsmittel des 1919 eröffneten, exponiertesten versicherten Klettersteiges.
Viel weniger anspruchsvoll, jedoch landschaftlich nicht weniger anmutig ist der Frauenluckenanstieg, der sogar gewisse Ähnlichkeiten mit dem Wildenauersteig aufweist: Beide benützen Höhlen bzw. Schächte als Zustiege. Ansonsten können beide Steige, die miteinander anläßlich einer Hohe-Wand-Überschreitung verbunden werden können, turnerisch geübten Menschen überaus empfohlen werden. Äußerste Luftigkeit über den Wipfeln der Südabhänge der Hohen Wand.

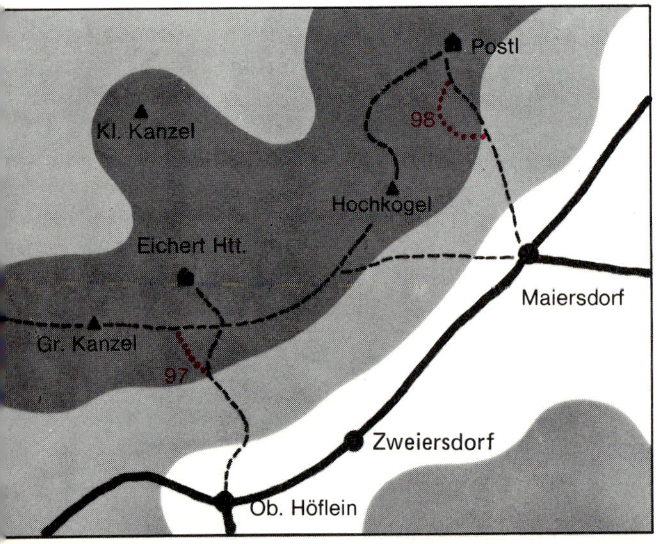

Höchste Höhe: 1043 m, Große Kanzel.
Schwierigkeit: Überaus große Exponiertheit, Ungeübtere unbedingt ans Seil, sonst keine besondere Ausrüstung erforderlich, Selbstsicherung, Karabiner, Schlauchband — siehe Ausrüstung.
Zeitdauer: Halbtagestour.
Jahreszeit: März—November.
Ausrüstung: Bergwanderausrüstung, Seil, Karabiner, Bandschlaufe.
Ausgangsort: Unter-Höflein, Maiersdorf.
Verkehrsverbindungen: Südbahn Wien—Wiener Neustadt—Schneebergbahn—Unter-Höflein.
Stützpunkte: Eicherthütte, 1024 m, Gasthaus Postl, 875 m, u. a.
Wegverlauf: 1) Wildenauersteig: Von Unter-Höflein sucht man Ober-Höflein zu erreichen, durch Wald über den Springlessteig zum Wandfuß der Hohen Wand, links abbiegen (Tafel) zum Einstieg des Wildenauersteiges.
2) Frauenlucke: Von Winzendorf an der Schneebergbahn nach Maiersdorf am Fuße der Hohen Wand, über die Steiganlage der „Völlerin" zum Wandfuß, Abzweigung des Frauenluckensteiges (Tafel).
Einstieg: Am Wandfuß der Hohen Wand, durch den Wandfußsteig, der entlang der Wände führt, gut erreichbar (Steigtafel), 660 m.
Höhenunterschiede/Gehzeiten: Unter-Höflein —Ober-Höflein—Wandfuß: ↑ 300 m, 1 Stunde. Wandfuß—Wildenauersteig—Hubertushaus: ↑ 250 m, 1 Std. Winzendorf —Maiersdorf—Wandfuß (Völlerin, Grotte): ↑ 400 m, 2 Std. Wandfuß—Frauenlucke —Ortlerhütte (privat)—Gasthaus Postl: ↑ 170 m, $^3/_4$ Std.
Abstieg: Wie Aufstieg oder über andere beliebte Hohe-Wand-Steige (z. B. Turmsteig, Springlessteig, Wagnersteig, Völlerin, Straßenbahner u. a.).
Endpunkt: Rand der Hohen Wand mit zahllosen Wandermöglichkeiten (Wildgehege), Spielplätze, Schutzhütten, Hohe-Wand-Bergstraße).
Tip: Möglichkeit einer Rundtour von der Bahnstation Unter-Höflein über den Wildenauersteig auf die Hohe Wand. Abstieg über Frauenlucke und Völlerin.

Am Ausstieg des überaus luftigen und kräfteraubenden Wildenauersteiges.

99 100 Weichtalklamm, Turmstein

Vom Höllental zum Gipfel des Schneeberges

Begeher versicherter Steiganlagen können unter verschiedensten „eisenhältigen" Raxanstiegen auswählen, der Schneeberg jedoch wird nur durch eine versicherte Steiganlage erschlossen: die Weichtalklamm. Vom Weichtalhaus kann man keinesfalls den faszinierenden Weg durch das Engtal erahnen. Erst spät drängen himmelhohe Felswände meternahe zusammen und vermitteln hochalpine Eindrücke, vielleicht solche, die die Erstbegeher der Klamm vor fast genau 100 Jahren (1880) genauso empfanden. Von primitiven Steigbäumen (gefällte Urwaldriesen) bis zu den heutigen Massivketten und Leitern war aber noch ein langer Weg!
Wer damit noch nicht zufrieden ist, der findet etwa auf halber Höhe des Schneeberganstieges bei der Kienthalerhütte den Block des Turmsteines, der gut versichert zur Besteigung einlädt. Mit der Bewältigung des Klosterwappens zählt die Weichtalklamm zu d e r Besteigung des höchsten Wiener Hausberges, des 2075 m hohen Schneeberges.

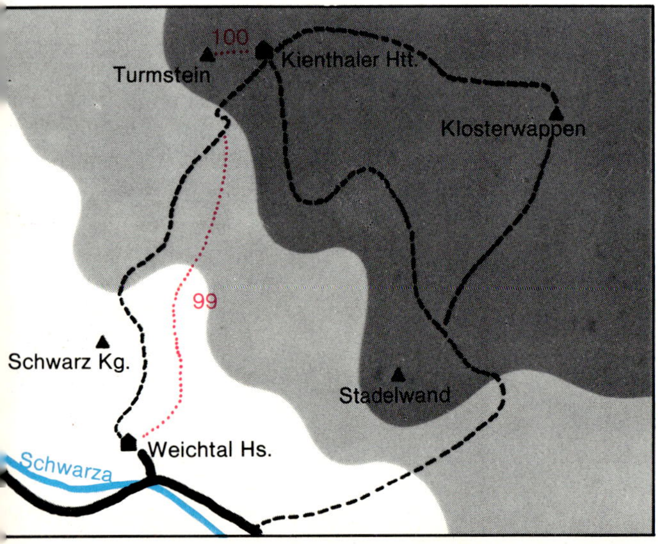

Höchste Höhe: Klosterwappen, 2075 m.

Schwierigkeit: Anstrengender und langer Aufstieg durch die Weichtalklamm, Turmsteinaufstieg kurz, aber luftig.

Zeitdauer: Tagestour.

Jahreszeit: Mai—Oktober.

Ausrüstung: Bergwanderausrüstung, keine besondere Ausrüstung erforderlich.

Ausgangsort: Weichtalhaus, 563 m, im Höllental.

Verkehrsverbindungen: Eilzug von Wien-Südbahnhof nach Payerbach-Reichenau, Postautobusverbindung nach Schwarzau/Gebirge, Station Weichtalhaus.

Stützpunkte: Weichtalhaus, 563 m, Kienthalerhütte, 1380 m, Fischerhütte, 2049 m.

Wegverlauf: Vom Höllental (Busstation) zum Weichtalhaus, dort Eingang bzw. Beginn der Weichtalklamm (immer enger werdende Schlucht), zuerst durch schütteren Wald, später im felsbegrenzten Schluchtboden steil bergan, Felsabsätze werden künstlich überwunden (Versicherungen); Möglichkeit, den Turmstein (1416 m) auf luftigem, versichertem Steig zu besteigen, dann Abstieg über erwähnten F.-Mayer-Weg oder Aufstieg zum Klosterwappen, 2075 m.

Einstieg: Einige Minuten seitab des Höllentales, unmittelbar beim Weichtalhaus Beginn des Steiges.

Höhenunterschiede/Gehzeiten: Weichtal/Höllental—Klamm—Kienthalerhütte: ↑ 817 m, 3 Std. Kienthalerhütte—Turmstein: ↑ 40 m, 10 Min.

Abstieg: Wie Aufstieg oder — über Ferdinand-Mayer-Weg (Abzweigung bei Jakobsquelle), Weiterweg über Südlichen oder Nördlichen Grafensteig, beliebiger Abstieg ins Tal.

Endpunkt: Kienthalerhütte, 1380 m, Klosterwappen, 2075 m.

Tip: Orientierungsgewandten Gehern sei die folgende Rundtour empfohlen — Aufstieg durch die Weichtalklamm, Besteigung des Turmsteines, südlicher Grafensteig bis zu den südlichen Ausläufern der Schiefermäuer. Abstieg zur Rettungshütte nahe dem Stadelwandgipfel (107 m.).

Vor dem Eingang zur Weichtalklamm.

INHALT

W. Beikircher: 2-3, 6 (5 Bilder), 7, 8, 14 (1 Bild), 15, 17, 23, 29, 33, 35, 41, 47, 71, 73, 75, 77, 79, 81, 85, 87, 91, 93, 95, 101, 103, 105, 107, 109, 113, 117, 119, 121, 123, 125, 127, 129, 131.

R. Messner: 1, 45, 49, 53, 57, Umschlagbild.

D. Oswald: 6, 7 (4 Bilder), 14 (1 Bild), 39, 43, 135, 137, 139, 141, 143, 145, Rückseite.

F. Peterka: 5, 147, 149, 151, 153, 155, 157.

R. Löbl: 4-5.

C. Buchheim: 7 (1 Bild).

M. Keck: 18, 19, 31.

G. Michl: 20.

D. Erggelet: 25, 27.

G. Dlouhy: 24.

F. Heimhuber: 83, 37.

F. Erschbaumer: 51.

E. Weirather: 55.

A. Sickert: 61.

W. Fischer: 9, 63, 65, 67, 69, 133.

P. Habeler: 89.

R. Leitner: 59.

H. L. Stutte: 97, 99.

M. Mehlig: 111, 115.

Weitere Bergbücher von Reinhold Messner

Arena der Einsamkeit. Expeditionen gestern, heute, morgen

136 S., 166 Abbild., davon 125 farb,. 2 Vorsatzbilder, 23 x 30 cm, lam. Pp.

„Mehr als ein spannendes Erlebnisbuch: es vermittelt Gedanken des Autors und mit gut ausgewählten Zitaten auch die Empfindungen anderer bedeutender Größen des Alpinismus . . .“ (Bergwelt)

„Reinhold Messner hat das Bergsteigen wieder spannend gemacht für jeden, der je einen Rucksack auf irgendeine Alpenvereinshütte geschleppt hat — und sogar für Leute, die bisher in ihrem Leben nie etwas Steileres bestiegen haben als einen Barhocker. Er hat es spannend gemacht, nicht nur durch den kalkulierten Wahnwitz seiner Extremtouren, sondern beinah mehr noch durch die Art, wie er davon erzählt, wie er darüber nachdenkt, wie er begründet, was er tut.“ (Der Spiegel)

ATHESIA VERLAG

Alle hier vorgestellten Titel gibt es auch in italienischen Ausgaben.

Aufbruch ins Abenteuer. Bergerlebnisse aus fünf Kontinenten

160 S., 38 Farbtafeln, 11 Schwarzweißabbild., 18,5 x 25 cm, lam. Pp.

„Eines der wenigen wirklich guten Erlebnisbücher aus dem Bereich des Bergsteigens . . . Es ist gut gemacht, gut geschrieben, sehr gut bebildert.“ (Der Bergsteiger)

Bergvölker der Erde . . . ehe ihre Spur verweht

136 S., 94 Farbf., 21 Kartenskizzen, 1 Weltkarte und 1 Vorsatzbild, 18,5 x 25 cm, lam. Pp.

„Wer Berge liebt und nur etwas ethnographisches Interesse hat, findet hier ein wertvolles, großartiges Buch, geprägt von echtem Humanismus.“ (Alpinismus)

Zurück in die Berge. Bergsteigen als Lebensform — Gedanken und Bilder

120 S., 41 mehr- und 17 einfarb. Abbild. von E. Pertl, 23 x 30 cm, lam. Pp.

„Schon lange haben wir keinen so musterhaft hergestellten Bildband gesehen. Die Ausstattung ist in jeder Hinsicht erstklassig, die Bilder hervorragend.“ (Österr. Alpenzeitung)

Klettersteige I: Dolomiten. 60 gesicherte Höhenwege

144 S., 77 Farbfotos, 2 farb. Vorsatzkarten, 44 Abbild., 18,5 x 25 cm, lam. Pp.

„Ein umfangreiches, gut gestaltetes, reich bebildertes Werk, das dem neuesten Stand der Erschließung entspricht.“ (Österr. Bergsteiger-Zeitung)

Baden-Württemberg
Stuttgart
Waiblingen
Esslingen
Plochingen
Göppingen
Böblingen
Kirchheim
Nürtingen
Weilheim
Wiesensteig
Geislingen
Reutlingen
Urach
Pfullingen
Münsingen
Blaubeuren
Ulm
Neu-Ulm
Aalen
Schwäb. Gmünd
Heidenheim
Giengen
Wasseralfingen
Ries
Nördlingen
Neresheim
Dillingen
Langenau
Günzburg
Burgau
Ichenhausen
Weißenhorn
Ehingen
Laupheim
Riedlingen
Illertissen
Krumbach
Schwendi
Biberach
Babenhausen
Sigmaringen
Mengen
Saulgau
Ochsenhausen
Mindelheim
Meßkirch
Pfullendorf
Aulendorf
Bad Wurzach
Bad Waldsee
Memmingen
Weingarten
Leutkirch
Ravensburg
Überlingen
Meersburg
Tettnang
Wangen
Friedrichshafen
Isny
Kempten
Kaufbeuren
Marktoberdorf
Schongau
Konstanz
Kreuzlingen
Romanshorn
Arbon
Rorschach
St. Margrethen
St. Gallen
Herisau
Appenzell
Bodensee
Lindau
Bregenz
Lustenau
Dornbirn
Altstätten
Hohenems
Bregenzer Wald
Feldkirch
Vorarlberg
Bludenz
Vaduz
LIECHTENSTEIN
Buchs
Walensee
Sargans
Säntis
Solnhofen
Eichstätt
Kelheim
Abbach
Straubing
Neustadt a.d.D.
Ingolstadt
Donauwörth
Rain
Neuburg
Donaumoos
Donauried
Wertingen
Schrobenhausen
Pfaffenhofen
Aichach
Gersthofen
Augsburg
Friedberg
Haunstetten
Dachau
Maisach
Fürstenfeldbruck
Germering
MÜNCHEN
Kaufering
Landsberg
Lechfeld
Buchloe
Ammersee
Herrsching
Starnberg
Dießen
Denklingen
Wolfratshausen
Tutzing
Weilheim
Geretsried
Penzberg
Murnau
Bad Tölz
Tegernsee
Miesbach
Schliersee
Rosenheim
Bad Aibling
Prien
Chiemsee
Traunstein
Waging
Trostberg
Tittmoning
Wasserburg
Ebersberg
Grafing
Ottobrunn
Erding
Dorfen
Mühldorf
Burghausen
Freising
Moosburg
Landshut
Dingolfing
Vilsbiburg
Velden
Hallertau
Mainburg
Rottenburg a.d.L.
Neufahrn
DEUTSCHLAND
Bayern
Niederbayern
Oberbayern
Schwaben
Alpenvorland
Lenggries
Kochel
Garmisch-Partenkirchen
Oberammergau
Füssen
Pfronten
Reutte
Immenstadt
Sonthofen
Oberstdorf
Oberstaufen
Zugspitze
Mittenwald
Scharnitz P.
Ehrwald
Fern P.
Achenpaß
Kufstein
Kaiser Geb.
Wörgl
Kitzbühel
Paß Thurn
Kitzbüheler Alpen
Chiemgauer A.
Ruhpolding
Bayerische Voralpen
Karwendel
Innsbruck
Hall
Schwaz
Wattens
Telfs
Seefeld
Imst
Landeck
Lechtaler Alpen
Allgäuer A.
Nordtiroler Kalk A.
Arlberg
St. Anton
Flexen P.
Lech
Klostertal
Montafon
Schruns
Verwall
Silvretta
Ischgl
Galtür
Samnaun Gr.
Paznaun
Piz Buin
Ötztal
Oetz
Wildspitze
Sölden
Timmels J.
Ob. Gurgl
Vent
Ötztaler A.
Stubaier A.
Zuckerhütl
Fulpmes
Steinach
Brenner
Wipptal
Tuxer A.
Olperer
Zillertaler A.
Hochfeiler
Zell
Mayrhofen
Gerlospaß
Krimml
Gr. Venediger
Hohe Tauern
Gr. Glockner
Dreiherrn Sp.
Matrei
Kals
Defereggen Geb.
Lienz
Osttirol
Sterzing
Jaufenpaß
Franzensfeste
Brixen
Bruneck
Sand i.T.
Toblach
Innichen
Sexten
Kreuzberg
Mte. Peralba
Mte. Cristallo
Cortina d'Ampezzo
Auronzo
Pieve di Cadore
Mte. Cridola
Ampezzo
Karnische Alpen
Meran
Sarntaler A.
Klausen
Südtirol
Vinschgau
Schlanders
Lana
St. Pankraz
Ultental
Mendel P.
Bozen
Kaltern
Terlan
Kastelruth
Gröden
Wolkenstein
Pordoi J.
Marmolata
Rosengarten
Karer P.
Fassatal
Dolomiten
Rolle P.
Predazzo
Cavalese
Agordo
Longarone
Belluno
Mte. Cavallo
Feltre
Fiera di Primiero
Valsugana
Borgo
Castello Tesino
Pergine
Levico
Trento (Trient)
Lavis
Cembra
Salurn
Tramin
Mezzolombardo
Brenta
Cles
Malè
Sulzberg
Tonale P.
Adamello
Ortler
Stilfser J.
Bormio
Livigno
Trafoi
S. Maria
Ofenpaß
Zernez
Scuol
Martina
Engadin
Piz Kesch
Albula P.
St. Moritz
Pontresina
Silvaplana
Julier P.
Bernina P.
Piz Bernina
Maloja P.
Bergell
Chiavenna
Poschiavo
Tirano
Sondrio
Veltlin
Aprica P.
Edolo
Pizzo di Coca
Bergamasker Alpen
Val Camonica
Breno
Lovere
Pisogne
Clusone
Piazza Brembana
S. Pellegrino
Lecco
Bergamo
Iseo
Brescianer A.
Idro
Vestone
Gardone
Salò
Brescia
Treviglio
Chiari
MILANO (MAILAND)
Judicarien
Tione
Pinzolo
Storo
Riva
Arco
Torbole
Mori
Rovereto
Folgaria
Lavarone
Vicentiner Alpen
Asiago
Mte. Pasubio
Arsiero
Schio
Thiene
Valdagno
Lessinische A.
Mte. Baldo
Garda
S. Ambrogio di Valpolicella
Vicenza
Cittadella
Bassano
Mte. Grappa
Castelfranco Veneto
Treviso
Montebelluna
Vittorio Veneto
Sacile
Pordenone
Oderzo
S. Donà
ITALIEN
SCHWEIZ
Chur
Davos
Klosters
Prättigau
Rätikon
Schesaplana
Partenen
Schiers
Landquart
Domat/Ems
Arosa
Flüelapaß
Thusis
Via mala
Tiefencastel
Splügen
Splügen P.
Rätische Alpen
Ilanz